HERBERT LEROY

JESUS

ERTRÄGE DER FORSCHUNG

Band 95

HERBERT LEROY

JESUS

Überlieferung und Deutung

1978

WISSENSCHAFTLICHE BUCHGESELLSCHAFT
DARMSTADT

CIP-Kurztitelaufnahme der Deutschen Bibliothek

Leroy, Herbert:
Jesus: Überlieferung u. Deutung / Herbert Leroy.
— Darmstadt: Wissenschaftliche Buchgesellschaft,
1978.
(Erträge der Forschung; Bd. 95)
ISBN 3-534-07039-9

Bestellnummer 7039-9

Satz: Maschinensetzerei Janß, Pfungstadt
Druck und Einband: Wissenschaftliche Buchgesellschaft, Darmstadt
Printed in Germany
Schrift: Linotype Garamond, 9/11

ISSN 0174-0695
ISBN 3-534-07039-9

INHALT

VORWORT

Im Rahmen der Reihe ›Erträge der Forschung‹ ein Heft über Jesus von Nazareth vorzulegen, ist ein Unterfangen, dessen besondere Schwierigkeiten nicht nur dem Kundigen deutlich sind. Um die Vielfalt der anstehenden Fragen und auch Desiderate aufzuzeigen und zugleich zur Klärung beizutragen, wurde das vorliegende Heft in zwei Abschnitte gegliedert. In einem ersten Teil werden wichtige Wendepunkte der Jesusforschung seit Albert Schweitzers Geschichte der Leben-Jesu-Forschung dargestellt, sowie derzeit diskutierte methodische Fragen genannt. Der zweite Teil versucht einen Überblick über historische Daten zum Leben Jesu zu geben und jeweils die Diskussion zu skizzieren. An einigen Beispielen wurde diese Diskussion breiter dargestellt, um dem Nichtexegeten Einblick in die Arbeitsweise der neutestamentlichen Wissenschaft zu geben. Ich kann nur hoffen, daß die Auswahl der Stellen, an denen dies erfolgt, nicht willkürlich erscheint.

„Die Literatur ist unübersehbar." Diese von H. Conzelmann 1959 getroffene Feststellung (RGG³ III, Sp. 651) gilt auch heute noch. Herr Wiss. Assistent Dr. Michael Lattke hat versucht, die seit 1960 erschienene Literatur zur Jesusforschung im engeren Sinne vollständig zu erfassen. Ohne die Forschungsberichte von W. G. Kümmel und — vor allem — die laufende Bibliographie von P. Nober wäre das kaum möglich gewesen. Diese an die tausend Titel umfassende Bibliographie abzudrucken, hätte den Rahmen der Reihe gesprengt. So mußte eine Auswahl getroffen werden, die hoffentlich nicht allzu zufallsbedingt wirkt. Es sollte auf engem Raum ein internationaler Querschnitt angedeutet werden. Wissenschaftlicher Charakter und Nähe zum Thema sind bei der Auswahl berücksichtigt. Werke, die weiterführende Literaturhinweise enthalten, wurden möglichst genannt. Auf die in IATG unter StEv genannten ›Studia evangelica I—III, Berlin 1959 ff.‹ sei generell hingewiesen; die Einzelbeiträge in einschlägigen Aufsatzbänden konnten aus Raumgründen nicht separat aufgeführt werden. Referiert wird in engem Anschluß an die Formulierung des jeweiligen Autors; wörtliche Zitate sind so gewählt, daß zugleich auch die Bezugsstelle des Referates genannt ist. Abkürzungen in Zitaten sind meist aufgelöst.

Es bleibt mir die angenehme Pflicht, meinen Mitarbeitern zu danken: Herrn Dr. Michael Lattke für die Erstellung der Bibliographie und des hier abgedruckten Verzeichnisses, sowie für das Mitlesen der Korrekturen; Frau Helga Baumgärtner für das Schreiben des Manuskriptes, den Teilnehmern an meinem Seminar für ihre anregenden Äußerungen zu Detailfragen und nicht zuletzt dem Verlag für seine Geduld und das anhaltende Interesse an dieser Veröffentlichung.

Augsburg, im Dezember 1977 Herbert Leroy

I. DAS PROBLEM DES HISTORISCHEN JESUS

1. Stationen auf dem Weg der Forschung

a) Albert Schweitzer

„Diejenigen, welche gerne von negativer Theologie reden, haben es im Hinblick auf den Ertrag der Leben-Jesu-Forschung nicht schwer. Er ist negativ.“ [1] Mit diesem Satz kennzeichnete Albert Schweitzer zu Beginn dieses Jahrhunderts den Ertrag der liberalen Leben-Jesu-Forschung. „Sie zog aus, um den historischen Jesus zu finden, und meinte, sie könnte ihn dann, wie er ist, als Lehrer und Heiland in unsere Zeit hineinstellen. Sie löste die Bande, mit denen er seit Jahrhunderten an den Felsen der Kirchenlehre gefesselt war, und freute sich, als wieder Leben und Bewegung in die Gestalt kam und sie den historischen Menschen Jesus auf sich zukommen sah. Aber er blieb nicht stehen, sondern ging an unserer Zeit vorüber und kehrte in die seinige zurück. Das eben befremdete und erschreckte die Theologie der letzten Jahrzehnte, daß sie ihn mit allem Deuteln und aller Gewalttat in unserer Zeit nicht festhalten konnte, sondern ihn ziehen lassen mußte. Er kehrte in die seine zurück mit derselben Notwendigkeit, mit der das befreite Pendel sich in seine ursprüngliche Lage zurückbewegt.“ [2]

Eben darin erkennt Albert Schweitzer den Zweck der ganzen Leben-Jesu-Forschung, „die natürliche und unbefangene Auffassung der ältesten Berichte sicherzustellen“ [3]. Es kann seiner Auffassung nach nicht darum gehen, zeitlich Bedingtes und zeitlich Unbedingtes, Vergängliches und Bleibendes in der Weltanschauung Jesu zu scheiden und nur das Unbedingte und Bleibende mit der modernen Weltanschauung auszugleichen. Wie oft dies auch immer versucht worden ist und weiterhin versucht wird: es kann nur durch Abschwächung des Charakteristischen geschehen. „Darum ist der Jesus der modernen Theologie so merkwürdig unlebendig. In seiner eschatologischen Welt belassen ist er größer und wirkt, bei aller Fremdheit, elementarer und gewaltiger als der andere.“ [4] Die Fremdheit ist begründet in der Eigenart des Vorstellungsmaterials der Zeit Jesu, die in der eschatologischen Erwartung seiner Zeit deutlich hervortritt. „Die Tat Jesu besteht darin, daß seine natürliche und tiefe Sittlichkeit von der spätjüdischen Eschatologie Besitz ergreift und so dem Hoffen und Wollen einer ethischen Weltvollendung in dem Vorstellungsmaterial jener Zeit Ausdruck gibt.“ [5] Die starke Ausprägung des Wollens und Hoffens auf die sittliche Endvollendung der Welt ist für Jesus entscheidend. Darum kann eine Zeit nach der Meinung Schweitzers nur so viel wirkliche und lebendige Beziehung zu Jesus haben, „als sie in dem Material ihrer Vorstellungen ethisch-eschatologisch denkt und in ihrer Weltanschauung die Äquivalente des bei ihm im Vordergrund stehenden Wollens und Hoffens aufzuweisen hat, d. h. von den Gedanken beherrscht ist, die denen entsprechen, die sich in Jesu Begriff des Reiches Gottes zusammenfinden“ [6]. So geht es um die Erkenntnis, daß Jesus für uns nur eine Autorität des Willens sein kann: „Das letzte und tiefste Wissen von den Dingen kommt aus dem Willen. Darum wird das Denken, das die letzten Synthesen der Beobachtungen und Erkenntnisse zu ziehen sucht, um zu einer Weltanschauung zu gelangen, in seiner Richtung durch den Willen bestimmt, der das primäre und weiter nicht erklärliche Wesen der betreffenden Persönlichkeiten und Zeiten ausmacht.“ [7] So gerät die Beantwortung der Frage nach Jesus von Nazareth in verschiedene Bedeutungsfelder. Der Historiker hat dieser Frage mit aller ihm von der historischen Wissenschaft ermöglichten Sorgfalt nachzugehen, um die Bedingtheit des Vorstellungsmaterials zu erkennen, zugleich aber auch das Zwingende des Wollens und Hoffens Jesu.

Nur so gibt es nach Schweitzer ein Verhältnis zum historischen Jesus, das wahrhaftig und frei zugleich ist. „Wir geben der Geschichte ihr Recht und machen uns von seinem Vorstellungsmaterial frei. Aber unter den dahinter stehenden gewaltigen Willen beugen wir uns und suchen ihm in unserer Zeit zu dienen, daß er in dem unsrigen zu neuem Leben und Wirken geboren werde und an unserer und der Welt Vollendung arbeite.“ [8] Dann aber verblaßt das Interesse am historischen Detail: „Um Jesus zu kennen und zu erfassen, braucht es keiner gelehrten Bevormundung. Es ist auch nicht erforderlich, daß der Betreffende die Einzelheiten der öffentlichen Wirksamkeit Jesu begreife und sie sich zu einem ‚Leben Jesu‘ zusammenstellen könne. Sein Wesen und das, was er ist und will, drängt sich ihm schon aus einigen lapidaren Aussprüchen auf. Er kennt ihn, ohne viel von ihm zu wissen und erfaßt das Eschatologische, auch wenn er über die Einzelheiten nicht ins Klare kommt.“ [9]

Damit ist die historische Frage nach Jesus von Nazareth in ihrer Bedeutung prinzipiell anerkannt und zugleich relativiert. Diese Position Albert Schweitzers, die in ihrem negativ wirkenden Charakter letzte Konsequenz aus der kritischen Auseinandersetzung mit der liberalen Leben-Jesu-Forschung ist und zugleich deren Überbietung, markiert die Ausgangsbasis für die weitere Erörterung des Problems.

b) Rudolf Bultmann

Rudolf Bultmann hat sich mit dem Erbe der liberalen Theologie kritisch auseinandergesetzt. Dabei wird das Ergebnis Albert Schweitzers hinsichtlich der Bedeutung des historischen Jesus für den Glauben in der Gegenwart im Rahmen einer theologischen Reflexion präzisiert und dadurch noch verschärft. Denn überall da, wo versucht wird, Jesus als innerweltliches Phänomen zu fassen und in seiner Wirksamkeit neu zur Geltung zu bringen, da wird nach R. Bultmann „dem Christentum sein σκάνδαλον genommen, d. h. es wird nicht gesehen, daß Gottes Andersein, Gottes Jenseitigkeit die Durchstreichung des ganzen Menschen, seiner ganzen Geschichte bedeutet. Es wird versucht, dem Glauben eine Begründung zu geben, die sein Wesen zunichte macht, weil hier überhaupt eine Begründung versucht wird" [10]. Gott ist nicht Gegenstand menschlicher Erkenntnis, den man wie andere Objekte mehr oder weniger erkennen könnte. Er hält — wie R. Bultmann treffend formuliert [11] — der Erkenntnis nicht still. Er wird vielmehr nur erkannt, wenn er sich offenbart. Seine Offenbarung aber ist „kontingentes Geschehen . . ., Tat, auf den *Menschen* gerichtet und nicht Erkanntwerden im Sinne des Vernunfterkennens" [12]. „Ob Gott adäquat oder inadäquat erkannt ist, ob man in Anthropomorphismen von Gott redet oder nicht, ist ganz gleichgültig. Es handelt sich nur um die Frage: was *bedeutet* Gott für den Menschen? Und wo der Gedanke Gottes wirklich erfaßt ist, bedeutet er eben die radikale Infragestellung des Menschen." [13] Damit ist nach R. Bultmann die Vernunft nicht herabgesetzt: „ . . . gerade wenn sie ihren Weg bis zu Ende geht, erreicht sie den Punkt der Krisis, führt sie den Menschen vor die große Frage nach dem Sinn . . . Der Mensch als solcher, als ganzer ist von Gott in Frage gestellt; und er ist es, ob er es weiß oder nicht. Seine Grundsünde sind nicht seine sittlichen Verfehlungen . . ., sondern *seine Grundsünde ist die, daß er als Mensch sich behaupten will*; damit macht er sich selbst zu Gott. Wird er dessen inne, so ist die ganze Welt aus den Angeln gehoben, so stellt er sich unter Gottes Gericht. Die ganze Welt — denn es war *seine* Welt — ist vernichtet. Nichts hat mehr Sinn und Wert, denn den empfing alles von ihm. Dies Gericht kennen heißt aber auch, es als Gnade kennen; denn es ist Erlösung, daß der Mensch von sich selbst frei wird. Er weiß dann, daß die Frage die Antwort ist; denn *so* fragen kann ihn nur Gott." [14]

Dieser Sicht der Offenbarung ist die des Glaubens zugeordnet. „Der Glaube kann sich nicht vom Menschen aus erheben, sondern kann nur Antwort auf das Wort Gottes sein, in dem ihm Gottes Gericht und Gottes Gnade gepredigt wird. Ja, der Glaube kann nur Gottes Schöpfung im Menschen selbst sein; sofern er im Menschen wirklich ist, stellt er sich dar als Gehorsam gegen Gottes Wort. Der Glaubende ist also der von Gott verwandelte, der von Gott getötete und erweckte Mensch, nie der natürliche Mensch. Glaube ist nie das Selbstverständliche, Natürliche, sondern das Wunderbare. Daß Gott der Vater ist, daß der Mensch das Kind Gottes ist, ist keine direkt zu gewinnende Einsicht, überhaupt keine Einsicht, sondern nur als Gottes wunderbare Tat immer wieder zu glauben, aber wirklich zu *glauben*." [15] Dieser Glaube ist deshalb kein Akt, der einmal vollzogen sein kann, auch nicht ein wiederholbarer Akt. „Der Blick auf Gottes Gericht und Gnade in *einem* macht das Wesen des Glaubens aus. Es gibt keine Gnade als für den Sünder, keine Gnade als im Gericht. ... Denn *immer* bleibt der Mensch ein Sünder und *immer* ist er ein Gerechtfertigter in Gottes Urteil ... Die Rechtfertigung ist nicht eine Qualitätsveränderung des diesseitigen Menschen, sondern ist immer nur als jenseitige in Gottes Urteil vorhanden. Der neue Mensch ist immer der jenseitige, dessen Identität mit dem diesseitigen nur geglaubt werden kann." [16]

Dieser Glaube vollzieht sich in der Annahme des Kerygmas. R. Bultmann erörtert dies am Kerygma des Paulus, weist aber mit Recht darauf hin, daß, was für ihn gilt, mit entsprechenden Modifikationen für die ganze urchristliche Verkündigung gelte.[17] Das Kerygma verkündet ein Faktum: Jesus Christus, den Gott sandte, als die Zeit erfüllt war, der gestorben und auferstanden ist, durch den Erlösung gegeben ist, die Versöhnung bewirkt.[18]

Das besagt, nach Bultmann negativ gefaßt, daß Christus für Paulus nicht der Lehrer ist, der eine neue Weltanschauung, eine neue Moral als zeitlose Wahrheiten gebracht hat. Wenn Paulus sich auf Jesus als den Lehrer beruft, beruft er sich gerade nicht auf den irdischen Jesus, sondern auf den erhöhten κύριος. „Zum ‚Lehrer' kann also Christus freilich werden, aber erst für den, für den er schon der Herr ist. Daß er aber der Herr ist, ist nicht darin begründet, daß er der Lehrer ist." [19] So kann Christus auch nicht Vorbild sein und nicht Heros.[20] Jede Würdigung der Persönlichkeit Jesu fehlt bei Paulus und muß fehlen. Denn sie wäre nur ein „Erkennen auf fleischliche Weise". Christus würde dann als vorfindliches Weltphänomen gesehen. Das ist er aber nicht für Paulus. Im Kreuz Jesu ist vielmehr das Gericht über alles Menschliche vollzogen „und zwar als in einem geschichtlichen Geschehen“ [21]. Und so bedeutet es an den Menschen die Frage, ob er sich in seiner Sicherheit, seinem καυχᾶσθαι preisgeben will oder nicht. Derjenige versteht das Kreuz Christi nicht, „der sich nicht durch dies historische Faktum ein neues Verständnis seiner selbst erschließen lassen will, ein Verständnis, das er nur im Entschluß ergreifen kann, in einem Entschluß, der die radikale Preisgabe seiner selbst bedeutet“ [22]. Vor diese Frage ist Paulus durch das urchristliche Kerygma gestellt.

Das heißt dann allgemein gefaßt: „*Jesus Christus begegnet dem Menschen nirgends anders als im Kerygma*, so wie er dem Paulus selbst begegnet ist und ihn zur Entscheidung zwang. Das Kerygma verkündet nicht allgemeine Wahrheiten, eine zeitlose Idee, sei es eine Gottes- oder Erlöseridee, sondern ein geschichtliches Faktum. Aber das tut es nicht in dem Sinne, daß es sich selbst überflüssig macht, wenn es dem Hörer das Wissen um dieses Faktum vermittelt hat, so daß es nur die Rolle des Vermittlers hätte, sondern es gehört selbst mit zum Faktum. Ebenso wie es zu Christus gehört, daß er σάρξ annahm, nicht damit ein Himmelswesen die Möglichkeit habe, Lehren zu bringen und Weihen zu stiften, sondern weil das Daß, das Hier und Jetzt, die Faktizität der Person die Offenbarung konstituiert. Aber eben deshalb ist auch das Kerygma weder Träger zeitloser Ideen, noch Vermittler historischen Wissens, sondern sein Daß, sein Hier und Jetzt, in dem jenes Hier und Jetzt in der Anrede vergegenwärtigt ist, ist das Entscheidende.“ [23]

Diese aus der Theologie des Paulus erhobene, aber für die gesamte neutestamentliche Verkündigung veranschlagte Erkenntnis läßt im Hinblick auf die Berechtigung und theologische Relevanz der Frage nach dem historischen Jesus nur eine konsequente Antwort zu: „Man darf also nicht hinter das Kerygma zurückgehen, es als ‚Quelle‘ benutzend, um einen ‚historischen Jesus‘ mit seinem ‚Messiasbewußtsein‘, seiner ‚Innerlichkeit‘ oder seinem ‚Heroismus‘ zu rekonstruieren. Das wäre gerade der χριστὸς κατὰ σάρκα, der vergangen ist. Nicht der historische Jesus, sondern Jesus Christus, der Gepredigte, ist der Herr.“ [24]

Der historische Jesus kann uns nie als forderndes, bestimmendes Du begegnen. Das kann nur ein Du der heutigen konkreten Gegenwart. „Wird Jesus so gesehen, daß sein Bußruf uns die sittliche Forderung zum Bewußtsein bringt (mit welcher Leidenschaft auch immer!), so ist ihm jedes Du unseres heutigen Miteinanderseins überlegen. Denn *so* ist er faktisch nur gesehen, wie er von *andern* fordert und über *andere* gerichtet hat; und mag mir das Veranlassung werden, mich auf die mir geltende Forderung zu besinnen, — *so* wird Jesus weder zum Du noch zum Herrn".[25]

Damit ist das negative Ergebnis, von dem A. Schweitzer gesprochen hatte, bestätigt. Zugleich aber ist die Konsequenz daraus gezogen. Sie besteht in einem Verdikt der Rückfrage nach dem historischen Jesus. Es hat deshalb so nachhaltig gewirkt, weil es mit dem ganzen Gewicht systematisch-theologischer Reflexion gesprochen wurde, die hier im Rahmen des Möglichen skizziert wurde. Es bleibt jedenfalls festzustellen, daß R. Bultmann dadurch die Jesusforschung für einen längeren Zeitraum blockierte und aus dem Zentrum der Forschung gerückt hat, wo sie bis dahin ihr Recht behauptet hatte.[26]

c) Ernst Käsemann

Diese Sperre wurde durch Bultmanns Schüler Ernst Käsemann durchbrochen in seinem später veröffentlichten Vortrag ›Das Problem des historischen Jesus‹ auf der Tagung alter Marburger am 20. 10. 1953 in Jugenheim.[27] Käsemann sieht die Bultmannsche Position als radikale Konsequenz aus der Auseinandersetzung der dialektischen Theologie mit dem Liberalismus und der gleichzeitigen Neubesinnung auf die reformatorische Botschaft, die eine Verkürzung und Verbiegung des Evangeliums dort erblicken ließ, wo man die Frage nach dem historischen Jesus als für Theologie und Verkündigung ausschlaggebend behandelte — zum anderen als angemessene Berücksichtigung der mittlerweile durch M. Kähler, M. Dibelius und R. Bultmann selbst vorangetriebenen formgeschichtlichen Arbeit an der Evangelienüberlieferung, die nachgewiesen hat, daß die von den Synoptikern dargebotene Botschaft Jesu größtenteils nicht authentisch, sondern Ausprägung des urchristlichen Gemeindeglaubens ist.[28]

E. Käsemann hat deutlich erkannt, daß Bultmanns Radikalität eine Reaktion geradezu herausfordert. Er nennt drei Ansatzpunkte, die die Kritik bestimmen: die Bemühung um den Nachweis, daß die Synoptiker sehr viel mehr authentische Überlieferung enthalten als die Gegenseite wahrhaben will; die Verteidigung der Zuverlässigkeit mindestens der ältesten Passions- und Ostertradition in den Evangelien, um einer Antithese von Kerygma und Überlieferung entgegenzuwirken, weil man grundsätzlich daran festhalten möchte, daß das Kerygma auch die Weitergabe von Tatsachen, wie sie durch die Tradition vermittelt werden, einschließt; die systematische Konzeption einer der Weltgeschichte parallelen, in sie eingebetteten, von ihr jedoch auch ablösbaren Heilsgeschichte mit eigenen Gesetzen und eigener Kontinuität, dargestellt in der Geschichte des Glaubens und der Kirche als der neuen Gotteswelt.[29] Die genuin liberale Frage nach dem historischen Jesus gewinnt also wieder zunehmend an theologischem Gewicht, und zwar im Gegenschlag zu einer auf dem Boden des Liberalismus erwachsenen historischen und theologischen Kritik. E. Käsemann nennt diese Vertauschung der Fronten eine der „reizvollsten und aufschlußreichsten Begebenheiten der jüngsten Theologiegeschichte: 200 Jahre lang hat kritische Forschung den historischen Jesus aus den Fesseln kirchlicher Dogmatik zu befreien gesucht, um am Wegende zu erkennen, daß solcher Versuch von vornherein zum Scheitern verurteilt war, weil wir nur durch die urchristliche Predigt und die damit verknüpfte kirchliche Dogmatik überhaupt etwas von dem historischen Jesus erfahren und diesen gar nicht mehr säuberlich und einigermaßen ausreichend vom gepredigten und geglaubten abheben können. Im gleichen Augenblick schwenkt aber auch der bisherige Gegner dieser Kritik offensichtlich in der Befürchtung um, daß nun radikaler Skepsis erst recht die

Türen geöffnet werden könnten und mit der Preisgabe des direkten Zugriffs nach der Historie die Geschichtlichkeit der Offenbarung selbst in Gefahr geriete. Sie will er mit dem Nachweis des tatsächlichen Geschehens und der Glaubwürdigkeit der Tradition verteidigen. Er folgt auch darin den Fußstapfen der Kritik, die ja zuerst das Thema der Geschichte aufgegriffen hatte, nämlich um es dem Dogma entgegenstellen zu können." [30]

Nun tritt aber gerade in dieser Auseinandersetzung die Problematik des Historischen besonders eindringlich hervor. Wir haben keinen direkten Zugang zu dem Geschehen des Lebens und Wirkens Jesu. Es ist für uns Historie geworden und auf das Erzählen angewiesen. „Alle Historie wird uns nur durch Tradition zugänglich und durch Interpretation verständlich. Denn die in ihr geschehenen Fakten zu kennen, nützt uns allein sehr wenig." [31] Man kann ja mit historischen Methoden erhobene bruta facta in die Reihe der vergleichbaren historisch verifizierbaren Begebenheiten entweder einordnen oder man kann es nicht. Kann man es — und es ist dann im Einzelfall immer noch zu untersuchen, ob man nicht dennoch der Phantasie zum Opfer gefallen ist —, dann ist die Frage nach dem Offenbarungscharakter des Faktums schon negativ beantwortet; kann man es nicht, dann hat man zunächst einmal ein Kuriosum vor sich, wie E. Käsemann treffend formuliert,[32] das als solches in der Religionsgeschichte nicht isoliert dasteht. Es führt also nicht weiter, wenn man versucht, die evangelische Geschichte in bruta facta aufzulösen. „Die Überlieferung relativ wahrscheinlicher Fakten begründet als solche keineswegs geschichtliche Kommunikation und Kontinuität." [33]

E. Käsemann sieht nun zutreffend in der Tatsache, daß die Urchristenheit die Evangelien nicht primär als Berichte verfaßte, ihr Bekenntnis das Bild des historischen Jesus vielmehr überlagert und verdeckt, einen Hinweis darauf, daß sie diese Zusammenhänge erkannt hat. Diese Feststellung markiert wohl den entscheidenden Punkt, von dem an die exegetische Arbeit mit neuem Ziel weiterlaufen muß, wenn nicht alles bisher Erreichte umsonst gewesen sein soll. Es ist müßig einzuwenden, eine solche Reflexion könne im ausgehenden ersten Jahrhundert gar nicht stattgefunden haben, weil die hier verwendete Begrifflichkeit und Anschauung von Historie und geschichtlicher Kontinuität in der Antike nicht anzutreffen sei. Wenn menschliches Denken überhaupt in der Lage ist, Vergangenes begrifflich zu fassen und auszusprechen, dann ist auch dieses Phänomen faßbar und aussprechbar. Über die Genese ist damit noch nichts gesagt, wohl aber sehr viel — und wie mir scheint, ist es das Wesentliche — über seinen Sinn. „Die Gemeinde hat nicht bloß unaufmerksam und töricht ihre Botschaft mit derjenigen ihres Herrn verquickt oder sie gar an deren Stelle gesetzt. Sie konnte nicht anders verfahren, wenn es ihr nicht um Reproduktion eines merkwürdigen Geschehens, sondern um die von ihr geforderte Entscheidung zwischen Glaube und Unglaube zu tun war. Mit ihrem Verfahren zeigt sie, daß dieses Anliegen nicht historisch, also durch Aufzählen von Fakten innerhalb eines Kausalzusammenhangs, gewahrt und vertreten werden kann. Indem sie so handelt, wie sie es tut, bezeugt sie vergangene Geschichte als lebendig und gegenwärtig.“ [34]

Das Paradoxe dieses Vorganges besteht darin, daß „Kontinuität zur Vergangenheit so bewahrt“ wird, „daß überkommene Terminologie, Vorstellungsweise, Theologie, kurz die Tradition zerbrochen wird“ [35]. Konkret im Hinblick auf die Evangelien heißt das: „So hält sie die geschichtliche Kontinuität mit dem fest, der einst über die Erde schritt, daß sie die historischen Ereignisse dieses Erdenlebens größtenteils in Vergessenheit geraten läßt, um sie durch ihre Botschaft zu ersetzen.“ [36] Das Bekenntnis aber fordert die Entscheidung des Glaubens oder Unglaubens. In dieser Entscheidung also sah die Urchristenheit die Kontinuität mit der Geschichte Jesu. Nur in dieser Entscheidungssituation kann die „erstarrte Geschichte der Historie Jesu erneut lebendige Geschichte“ werden [37]. Dann gilt aber auch für die Theologie, daß sie nicht beim Interesse für die Kausalität und Teleologie der Geschichte Jesu stehen bleiben, noch einfach die Last der Tradition weiterschleppen darf. Wenn die Geschichte Jesu lebendige Geschichte werden soll, darf sie nicht von der Gegenwart des Menschen getrennt werden, der durch sie in die Situation der Entscheidung gestellt wird. Hat also die Urchristenheit sich durch die Kerygmatisierung Jesu die Möglichkeit eröffnet, der Geschichte Jesu in je neuer Situation glaubend zu begegnen, so ist zugleich mit derselben Aufmerksamkeit zu beachten, daß sie gerade durch die Darstellung der Evangelien an der Identität des irdischen mit dem erhöhten Jesus festgehalten hat. In dieser Komplexität muß also die von der liberalen Theologie gestellte Frage erneut aufgegriffen werden. Das bedeutet eine Läuterung der liberalen Fragestellung und zugleich eine Durchbrechung des Bultmann'schen Verdiktes. Darin aber ist die Frage nach dem irdischen Jesus zugleich Wiederaufnahme dessen, was der Urchristenheit — wie die Evangelien als solche zeigen — unabdingbar erschien.

R. Bultmann hat auf diese Fragestellung und ihre verschieden konzipierte Bewältigung in aller Deutlichkeit reagiert. Die dort angesprochene Problematik soll im folgenden thematisiert und zugleich der Stand des Gespräches markiert werden.

2. *Kerygma und Historie*

Zur Diskussion mit Rudolf Bultmann

R. Bultmann hat die Differenz zwischen dem historischen Jesus und dem Christuskerygma „nur kurz und im Groben" — wie er sich ausdrückt [38] — folgendermaßen charakterisiert: „1. An die Stelle der historischen Person Jesu (so wie die synoptischen Evangelien sie für den kritischen Blick erkennen lassen) ist im Kerygma die mythische Gestalt des Gottes-Sohnes getreten. 2. Während die Predigt Jesu die eschatologische Botschaft von der kommenden, ja, der hereinbrechenden Gottesherrschaft ist, wird im Kerygma Jesus Christus verkündigt als der stellvertretend für die Sünden der Menschen am Kreuz Gestorbene und von Gott wunderbar zu unserem Heil Erweckte. Für die theologischen Gedanken des Paulus und Johannes ist damit das entscheidende eschatologische Ereignis schon geschehen. 3. Bei Jesus geht Hand in Hand mit der eschatologischen Verkündigung die Verkündigung des Willens Gottes, der Ruf zum radikalen Gehorsam unter die im Liebesgebot gipfelnden Forderungen Gottes. Im Christus-Kerygma ist zwar auf die ethische Predigt nicht Verzicht geleistet. Aber wenn Paulus und Johannes mit dem Christus-Kerygma auch ethische Forderungen und vor allem das Liebesgebot verbinden, so doch nicht in Wiederaufnahme der aus den Synoptikern bekannten Auslegung des Willens Gottes durch Jesus. In die Bekenntnis-Formulierungen des Kerygmas (die ersten christlichen Symbola) ist diese überhaupt nicht aufgenommen, und in den typischen urchristlichen Lehr- und Mahnschriften nimmt die ethische Paränese die zweite Stelle ein. Wie ist nun das Verhältnis der beiden Größen — der historische Jesus und das Christus-Kerygma zu bestimmen?" [39]

Es ist also die deutliche Diskrepanz zwischen dem historischen Jesus und dem Christus des Kerygmas betont. Damit ist aber nach der Auffassung R. Bultmanns „die Kontinuität zwischen dem historischen Jesus und der urchristlichen Verkündigung" [40] nicht zerrissen. R. Bultmann formuliert präzise: zwischen dem historischen Jesus und der urchristlichen Verkündigung, weil es sich hier beidesmal um historische Phänomene handelt, die in Kontinuität miteinander stehen können. Dagegen können der historische Jesus und der Christus des Kerygmas nicht in historische Kontinuität zueinander treten, weil der Christus des Kerygmas eben keine historische Gestalt ist. Dieses Kerygma behauptet nun, „daß ein historisches Ereignis — eben der historische Jesus und seine Geschichte — das eschatologische Ereignis (die Wende der Äonen und was damit gegeben ist) sei" [41]. Das Kerygma setzt also den historischen Jesus voraus, wie immer er auch in ihm erscheint. Ohne den historischen Jesus gäbe es das Kerygma nicht. „Insofern versteht sich die Kontinuität von selbst." [42] Das Kerygma setzt so gesehen die Historizität Jesu als solche voraus, „das *Daß* seiner Geschichte" [43]. Damit ist die Frage gestellt, ob darin auch etwas über die Kontinuität des Kerygmas mit dem Was und Wie seiner Geschichte gesagt ist.

Bultmann formuliert die Frage treffend: „Wie verhalten sich der Gehalt des Wirkens Jesu und der Inhalt des Kerygmas? *Ist der historische Jesus mit dem Christus des Kerygmas identisch?*" [44]

Vorab stellt R. Bultmann fest, daß man über das „Daß" nicht hinauszukommen braucht, wie Paulus und Johannes je in ihrer Weise zeigen. Paulus verkündigt den Inkarnierten, Gekreuzigten und Auferstandenen; „d. h. vom Leben Jesu bedarf sein Kerygma nur das Daß und die Tatsache der Kreuzigung Jesu" [45]. Die menschliche Person Jesu wird den Hörern nicht dargestellt. Selbst das Kreuz ist nicht vom biographischen Standpunkt aus gesehen, sondern gilt als Heilsereignis. Gehorsam und Selbstlosigkeit Christi, von dem Paulus Phil 2, 6—9 und Röm 15, 3; 2 Kor 8, 9 redet, „sind das Verhalten des Präexistenten, nicht des historischen Jesus" [46]. Auf die eschatologische und ethische Verkündigung des historischen Jesus kommt Paulus überhaupt nicht zu sprechen. Johannes betont — darin anders als Paulus — mit allem Nachdruck die Menschheit Jesu, ohne indes die menschlichen Züge Jesu im entsprechenden Maße herauszustellen.

Will man indes dennoch über das bloße „Daß" hinauskommen, so muß man versuchen, „die Kontinuität zwischen dem historischen Jesus und dem Kerygma als sachliche Übereinstimmung zu erweisen" — wie R. Bultmann im Anschluß an eine Formulierung E. Käsemanns sagt.[47] Das geschieht auf zweifache Weise: 1. Es wird gezeigt, daß das Kerygma nicht nur das Daß, sondern auch das Was und Wie des historischen Jesus voraussetzt, und zwar in der Weise, daß es das Was und Wie zu seinem Verständnis und zu seiner Glaubwürdigkeit bedarf. 2. Es wird gezeigt, „daß in Jesu Wirken in Tat und Wort das Kerygma schon in nuce enthalten ist" [48].

Zum ersten Versuch: Es soll gezeigt werden, *„daß das Personbild des historischen Jesus und seines Wirkens implizit im Kerygma enthalten ist"* [49]. Um das durchzuführen, zieht man die synoptischen Evangelien heran. Nun steht außer Frage, daß die Synoptiker kein historisches Bild von der Person Jesu liefern, auch Lukas nicht, der zugestandenermaßen neben seinem kerygmatischen auch dieses Ziel verfolgt. Dennoch soll mit Hilfe der literarkritischen, formgeschichtlichen, zeit- und religionsgeschichtlichen Betrachtungsweise ein Bild des historischen Jesus aus der synoptischen Überlieferung erhoben werden.

Ein Personbild im eigentlichen Sinne von Jesus zu zeichnen ist schlicht unmöglich. Dafür sind die herangezogenen Quellen — nämlich die synoptischen Evangelien (und andere Quellen, die in Betracht kämen, haben wir nicht) — ungeeignet. Sie lassen von einer inneren Entwicklung Jesu nichts erkennen. Die historisch-kritische Forschung kann also gar nicht das leisten, was ihr zugemutet wird. Das liegt nicht an der Mangelhaftigkeit ihrer Methoden, sondern am Charakter der ihr zur Verfügung stehenden Quellen.

Mit aller von daher gebotenen Vorsicht glaubt R. Bultmann indes einiges Charakteristische über den historischen Jesus sagen zu können.[50]

Hinsichtlich des Wirkens Jesu scheinen folgende Züge charakteristisch zu sein: Exorzismen, Bruch des Sabbatgebotes, Verletzung der Reinheitsvorschriften, Polemik gegen jüdische Gesetzlichkeit, Gemeinschaft mit deklassierten Personen wie Zöllnern und Dirnen, Zuneigung zu Frauen und Kindern, unasketisches Leben auf dem Hintergrund des täuferischen Ideals, Aufruf zur Nachfolge und Sammlung einer kleinen Schar von Anhängern um sich aus Männern und Frauen.

Hinsichtlich der Verkündigung Jesu möchte R. Bultmann von prophetischem Bewußtsein, ja von einem Vollmachtsbewußtsein Jesu sprechen, aus dem heraus er die eschatologische Botschaft von der hereinbrechenden Gottesherrschaft, aber auch den einladenden und fordernden Willen Gottes verkündete.

Daß wir nicht wissen können, wie Jesus sein Ende, seinen Tod verstanden hat, bezeichnet R. Bultmann als „die größte Verlegenheit für den Versuch, ein Charakterbild Jesu zu rekonstruieren“ [51]. Bultmann weist mit Recht die Auffassung zurück, Jesus habe, nachdem er den Tod des Täufers vor Augen hatte, mit seinem gewaltsamen Ende rechnen müssen. Jesus hat nach Mt 11, 16—19 ein anderes Bild von seinem Auftreten und unterscheidet sich vom Täufer. Und wenn er schließlich nach Jerusalem zieht, um sein Volk in der Stadt des Heiligtums vor die letzte Entscheidung zu stellen — wie oft angenommen wird —, dann hat er wohl schwerlich mit der Hinrichtung durch die Römer rechnen können. „Schwerlich kann diese Hinrichtung als die innerlich notwendige Konsequenz seines Wirkens verstanden werden; sie geschah vielmehr auf Grund eines Mißverständnisses seines Wirkens als eines politischen. Sie wäre dann — historisch gesprochen — ein sinnloses Schicksal. Ob oder wie Jesus in ihm einen Sinn gefunden hat, können wir nicht wissen. Die Möglichkeit, daß er zusammengebrochen ist, darf man sich nicht verschleiern." [52]

Besonders durch die zuletzt genannte Überlegung macht R. Bultmann deutlich, daß eine wirkliche Legitimation des Kerygmas, das den historischen Jesus als den Christus verkündigt, der für uns gestorben ist, nicht mit historischen Mitteln erreichbar ist. Die historisch-kritische Analyse der Synoptiker vermag lediglich „jenes im Kerygma behauptete Daß gegenüber einer etwaigen Skepsis an der Historizität Jesu (zu) bestätigen und auch bis zu einem gewissen Grad mit einiger Wahrscheinlichkeit (zu) illustrieren" [53].

Zum zweiten Versuch: Es soll gezeigt werden, *„daß in Jesu Tat und Wort das Kerygma schon in nuce enthalten ist"*, daß also „Jesu Verkündigung bereits ‚kerygmatischen' Charakter hat" [54]. R. Bultmann gibt zu bedenken, daß zwei Weisen der Interpretation des Wirkens Jesu zu unterscheiden sind: „1. Die erste hält sich im Rahmen der traditionellen historisch-kritischen Forschung, die das Geschehene in seiner Objektivität erkennen will. 2. Die zweite sucht dagegen die Geschichte aus dem existentiellen Verhältnis zu ihr zu verstehen." [55] Dabei ist zu beachten, daß die existentiale Interpretation die historisch-kritische insofern voraussetzt, als sie selbstverständlich ein Wissen um historische Tatsachen voraussetzt.

Daß Jesu Verkündigung kerygmatischen Charakter hatte, folgt aus seinem prophetischen Bewußtsein und dem eschatologischen Charakter seiner Botschaft, der die Hörer in die Entscheidung stellt. Wie verhält sich aber sein Kerygma zum christologischen Kerygma der Gemeinde? „Ist das Christus-Kerygma der Gemeinde im Kerygma Jesu ... implizit enthalten?“ [56] Selbst wenn die Darstellung des 4. Evangeliums historisch zuträfe, nach welcher sich Jesus selbst für den Messias gehalten und den Glauben an sich als Messias gefordert hätte — was nach der synoptischen Tradition zumindest äußerst unwahrscheinlich ist —, wäre der Glaube, den das christologische Kerygma fordert, ein anderer Glaube als der, den dieses Kerygma Jesu forderte. Denn das christologische Kerygma der Gemeinde schließt Jesu Heilstod und Auferweckung ein, die so im messianischen Kerygma Jesu nicht impliziert sein können.

R. Bultmann stellt vielmehr einen Bezug in umgekehrter Richtung fest. Insofern nämlich Jesus gegenüber seiner Person als dem Träger des Wortes Gottes die Entscheidung gefordert hat, von der das Heil oder das Verderben abhängt, verstand er sich selbst als eschatologisches Phänomen. Das christologische Kerygma der Gemeinde liegt gleichfalls auf der eschatologischen Ebene, indem es die Entscheidung ermöglicht und fordert, von der das Heil oder das Unheil abhängen. „Insofern Jesus sich als ‚eschatologisches‘ Phänomen verstand, kann man sagen, daß seine Verkündigung eine Christologie implizierte.“ [57] So ist verständlich, daß aus dem Verkündiger Jesus der verkündigte Christus wurde; mit anderen Worten: es zeigt den Grund für die historische Kontinuität zwischen dem Wirken Jesu und der Verkündigung der Gemeinde. Ist damit aber auch schon „die sachliche Einheit des Wirkens und der Verkündigung Jesu mit dem Kerygma“ bewiesen? R. Bultmann verneint diese Frage entschieden.[58]

Das Kerygma will ja nicht auf historische Phänomene aufmerksam machen, auch nicht darauf, daß Jesus sich als eschatologisches Phänomen verstanden hat. Denn die historische Erkenntnis des eschatologischen Selbstbewußtseins Jesu vermittelt kein eschatologisches Selbstverständnis dem, der historisch fragt. Das Kerygma aber beansprucht, eschatologisches Geschehen selbst zu sein (vgl. 2 Kor 5, 18—20; Joh 5, 24), „das als direkte

Anrede Tod und Leben zuspricht (2 Kor 2, 15f.)" [59]. Der Vollmachtsanspruch Jesu, als historisches Phänomen wahrgenommen, reicht über die Zeit seines Wirkens nicht hinaus. Die vom historischen Jesus geforderte Entscheidung erreicht spätere Generationen im Kerygma. In ihm spricht nicht der irdische Jesus, sondern der erhöhte. „Der Christus des Kerygmas hat den historischen Jesus sozusagen verdrängt und redet jetzt in Vollmacht den Hörer — jeden Hörer — an." [60] Das hatte E. Käsemann [61] bereits festgestellt: „Denn Historie wird eben nicht durch Tradition als solche, sondern durch Interpretation, nicht durch das einfache Feststellen von Tatsachen, sondern durch das Verstehen der in Fakten gegenständlich gewordenen und erstarrten Ereignisse der Vergangenheit geschichtlich belangreich." [62] M. E. bemerkt R. Bultmann [63] mit Recht: „Leider rechtfertigt Käsemann aus dieser grundsätzlichen Einsicht heraus nur die Interpretation des Wirkens Jesu durch das Kerygma, und macht nicht den weiteren Schritt zur eigenen existentialen Interpretation des Wirkens Jesu wie des Kerygmas. Denn seine Ausführungen über die ‚Eigenart der Sendung Jesu' sind keine vergegenwärtigende existentiale Interpretation, sondern zeichnen Jesu Eigenart als historisches Phänomen."

Die von R. Bultmann angesprochene existentiale Interpretation hat H. Braun „am konsequentesten" — wie R. Bultmann [64] feststellt — durchgeführt.[65] H. Braun setzt bei der unbestreitbaren Feststellung ein: „Der irdische Jesus hat gepredigt" [66], und er verdeutlicht diese Feststellung dadurch, daß er hervorhebt, was sie „auf jüdischem Boden", wie er trefflich formuliert,[67] meint: Jesus will nicht theoretisch belehren, sondern er will, daß seine Hörer ihm gehorchen. Es gilt, seine Worte zu tun (Mt 7, 24. 26; Lk 6, 46f.). H. Braun nennt drei Tatbestände, die an der Verkündigung Jesu besonders auffallen: Jesus verschärft die Forderung Gottes (Ehescheidung, Schwur, Wiedervergeltung, Richten, Feindesliebe, Besitzverzicht). Das sehr nahe Weltende und Gericht bestimmt die erhöhte Andringlichkeit der Umkehrforderung Jesu stark mit. Trotz dieser rigorosen Steigerung der Toraforderungen „streicht Jesus das mit der Tora-

Erfüllung im Judentum praktisch verbundene Lohnstreben und Ansprucherheben durch (Mt 20, 1—15; Lk 17, 7—10), ja, er warnt vor der Gefährlichkeit der Tora-Korrektheit (Lk 15, 1—32) und spricht das Heil den *amme ha ares* zu (Mt 11, 19 b . . .). Paradoxerweise steht also neben der radikalisierten Tora eine dem offiziellen wie dem häretischen Judentum gleicherweise anstößige radikalisierte Gnade: Gott freut sich über die Umkehr gerade des Verlorenen." [68] Diese Paradoxie entsteht nicht dadurch, daß zwei ursprünglich selbständige Traditionsschichten zusammenstießen. Sie ist nur darum möglich, weil sie theologisch nicht durchreflektiert ist. Als solche gehört sie typisch in das Leben des historischen Jesus. Zur Einheit werden die beiden Seiten der Paradoxie dadurch, daß „weder die Toraverschärfung zu einem System von Vorschriften, noch die Annahme der Sünder zu einer durchsystematisierten Gnadenlehre geworden ist . . . Ebenso ist die Annahme des Sünders nicht eine allgemeine Lehre, sondern *geschieht* den Menschen in der Umgebung Jesu. Die Systemlosigkeit der Forderungen Jesu . . . und die typisierten Berichte über seinen Umgang mit den Menschen, das sind die Signalements, welche deutlich machen sollen: die von Jesus ausgesprochene Forderung ebenso wie die von ihm zugesprochene Gnade Gottes sind Erweisungen, die nicht eine allgemeine Wahrheit aussprechen, sondern je dem einzelnen zugewendet werden." [69]

Die Urgemeinde bekennt diesen Jesus „als durch die Auferstehung von Gott zum Messias gemacht (Act 2, 36)" [70]. Dem jüdischen Messiasbegriff sind die für Jesus von Nazareth als typisch herausgestellten Tatbestände der Toraverschärfung und der radikalen Gnade fremd. „Insofern ist die Bezeichnung Jesu als Messias zur Hervorhebung dessen, was er vertrat, untypisch . . ." [71] Doch wurde durch die Übernahme dieses Titels das Mißverständnis des Lehrens und Wirkens Jesu als des Ausdrucks einer allgemeinen Wahrheit ausgeschaltet. Es wird statt dessen deutlich: „So fordert und handelt Gott am Menschen in konkreter Individuierung am Ende der Zeiten. Der Geschehnischarakter des Auftretens Jesu von Nazareth war in diesen

Titeln festgehalten." [72] Vergleichbares läßt sich für die Titel Menschensohn und Gottessohn, soweit die Urgemeinde schon Jesus so benennt, zeigen.[73] Es handelt sich um Ausdrucksmittel, die das eine für das Wirken des irdischen Jesus typische Grundphänomen signalisieren: „das paradoxale Geschehen von radikaler Forderung und schrankenloser Annahme" [74]. Dieses Geschehen ist beim irdischen Jesus sowohl wie auch in der palästinensischen und hellenistischen Urgemeinde eschatologisch verstanden. „Aber nicht dies eschatologische Daß ist das Entscheidende an der Verkündigung Jesu ... Die eschatologischen Hoheitstitel, welche in der Urchristenheit auf Jesus gelegt werden, und die bei Jesus selber wie in der Urgemeinde vorliegende hocheschatologische Fassung des Heils sind vielmehr nur jüdisch-apokalyptische, also zeitgenössisch bedingte Ausdrucksmittel, von denen die Naherwartung sich dann ja auch als Irrtum erwiesen hat; Ausdrucksmittel für einen Inhalt, der, im Kontrast zu den für ihn verwendeten Ausdrucksmitteln, sehr unjüdisch ist: für das bei Jesus selber schon vorliegende Paradox von radikaler Forderung und radikaler Gnade. Das Entscheidende an der Verkündigung Jesu ist dieser ihr Inhalt, ihr Was. Dieser Inhalt wird geglaubt und angenommen, wo die jüdischen Hoheitstitel Jesu, wo die eschatologische Andringlichkeit in ihrem eigentlichen Sinne erfaßt und bejaht werden." [75]

Die hellenistische Gemeinde legt gottheitliche Titel auf Jesus: κύριος, ὁ υἱὸς τοῦ θεοῦ, die wie die jüdischen der palästinensischen Urgemeinde keine Neuschöpfungen, sondern aus der religiösen Umwelt genommen sind. Sie beschreiben Jesus als Gottwesen, „dessen Tod und Erstehen, wie bei Attis, Osiris und Adonis, dem Mysten, welcher diesen Weg des Kyrios sakramental nachvollzieht, das Heil bringt ... (vgl. Röm 6, 3ff.). Oder Jesu Weg gilt als der Abstieg und Aufstieg nach Art der gnostischen Erlösergestalt (Phil 2, 6ff.; Eph 4, 8—10; Joh 3, 13; 12, 32f.)." [76] Die Vorstellung selbst begegnet in verschiedener Ausprägung: bei Paulus begegnet sie in einer Form, die an Jesu Erdenleben, abgesehen von seinem Tode, wenig interessiert ist; in der mk und von daher der synoptischen und auch der joh θεῖος ἀνήρ-

Vorstellung tritt Jesus als Gottessohn im Sinne des hellenistisch-orientalischen Thaumaturgen auf. Dabei kann, wie in Mt 1 und 2 sowie Lk 1 und 2 die wunderbare Weise seiner Zeugung und Geburt noch besonders unterstrichen werden. Beiden Formen der Vorstellung aber ist gemeinsam: „der Gottessohn besiegt in seiner Auferstehung bzw. Auffahrt den Tod“ [77]. Diese gottheitlichen Titulaturen werden im Hellenismus auf die verschiedenen Gottheiten, Heroen und Philosophen, Thaumaturgen und Herrscher übertragen, wodurch sie „als überdimensional, als übermenschlich, als ein Höherer bezeichnet werden“ [78]. Das geschieht auf Grund ihrer überdimensionalen Taten, spezialisiert vermittels ihrer ἀρετή oder vermittels ihrer Vollmacht, den Menschen zu helfen und zu gebieten. Indem die gottheitlichen Titulaturen — bereits vor und neben Paulus — auf Jesus übertragen werden, werden einmal die bereits von der Urgemeinde auf Jesus gelegten jüdischen Titel neu gefüllt und es kommen neue hinzu. Es vollzieht sich also auf hellenistischem Boden dasselbe, was bei der Entstehung des Osterglaubens im jüdischen Raum geschah: „Die Verschlüsselung des im Leben Jesu enthaltenen Novums mittels einer vorgegebenen Terminologie“ [79]. Die radikale Toraforderung und das radikale Ja zum Sünder, das typisch jesuanische Paradox also, wird mit den hellenistischen Titulaturen neu verschlüsselt. Dabei eignet sich die Vorstellungsform vom überdimensionalen Helfen und Gebieten bestens als Ausdruck für das in der jüdischen Verschlüsselung Gemeinte: „Der Gottessohn, der Kyrios Jesus wird erretten, indem er die σωτηρία heraufführt (Röm 5, 10).“ Er gebietet sowohl in den Worten des Irdischen als auch durch die Paränese im Blick auf den Erhöhten. Anderes hingegen konnte von dieser Vorstellungsform nicht erfaßt und verschlüsselt werden: die speziell jüdische bzw. antijüdische Ausrichtung der Verkündigung Jesu (Stellung zum Sabbat, zur kultischen Reinheit, Zuwendung zum *am ha ares*). „Nur *ein* Wesenszug der älteren jüdischen Verschlüsselung geht mit den älteren jüdischen Titeln nicht verloren, sondern wird in die umgedachte alte Terminologie mit hineingenommen: die Eschatologie.“ Sie wird zunächst als Erwartung des nahen

Weltenendes und der bald bevorstehenden Parusie des Kyrios (vgl. 1 Thess 4, 15) aufgenommen. Indes hat die Sendung des Gottessohnes das Weltende de facto bereits eingeleitet (Gal 4, 4). In dieser Richtung geht die Entwicklung auf hellenistischem Boden weiter, bis ein Stadium erreicht ist, „in welchem die Eschatologie als Erwartung des künftigen Weltendes verschwunden ist“ [80]. Jesus gilt nicht nur als der Kommende, sondern ist in der Gemeinde kultisch gegenwärtig (1 Kor 5, 4). „Die gleiche Frage nach der Überwindung der durch den Tod angezeigten Uneigentlichkeit des Lebens, wie sie z. T. hinter der oben beobachteten hellenistisch-orientalischen gottheitlichen Titulatur steht, wird also auch in den hellenistisch-christlichen Bekenntnissen vorausgesetzt und nun christlich beantwortet: der Helfer gegen den Tod, der Geber der ζωή ist Jesus. Demgemäß gilt Jesus nun als an der Erschaffung der Welt und am Regiment über die Welt beteiligt.“ [81] — Die Frage nach dem unterscheidenden Christianum stellt sich damit unausweichlich. Der Vorgang der Gottessohnwerdung ist auf der Seite des nichtchristlichen Hellenismus wie im hellenistischen Christentum „das Signalement für das, was dem Bekenner eben dieser Gottessohn bedeutet“ [82]. Nach Paulus hat der Christ an der Auferweckung Christi teil, indem er die Aufgabe übernimmt, einen Wandel in der καινότης ζωῆς (Röm 6, 4) zu führen. Das Heil fällt dem Menschen nicht als physische Gegebenheit zu. Weder sakramentale Teilhabe als solche bringt das Leben (vgl. Röm 6, 4.8), noch als Christusereignis an sich, getrennt von der Stellungnahme des Menschen (Röm 5, 17; 1 Kor 15, 23). Solches Verständnis von magisch vermitteltem oder naturhaft gegebenem Heil muß den hellenistischen Gemeinden nahegelegen haben, denn Paulus wendet sich strikte dagegen. Dem hellenistischen Verständnis von der Göttlichkeit des Menschen, das sich vor und neben Paulus unter der Chiffre Jesus durchhält, setzt Paulus die totale Verlorenheit des Menschen entgegen. „Die Entscheidung hinwiederum, welche dem Menschen, der das Heil gewinnen will, abverlangt wird, ist bei Paulus nicht das Ja zum Praktizieren der Tugend und der tapferen oder asketischen Lebenshaltung. Sie ist vielmehr die Anerkenntnis dessen, daß der in Auflehnung gegen Gott befindliche Mensch der von Gott Angenommene und Beschenkte ist, und erst auf der Basis dieses dem Menschen verwehrten ethischen Geltenwollens erhebt sich bei Paulus die Paränese." [83] Faßt man von hier aus das jesuanische Paradox ins Auge, so erkennt man es bei Paulus wieder.

Dies wird da noch deutlicher erkennbar, wo Paulus sich in antijüdischer Frontstellung befindet. „An Jesus glauben heißt, auf die Werke als auf den Heilsweg, also auf das Geltenwollen, verzichten ... Dies Verständnis der eigenen Situation vor Gott bei Paulus ist eng verwandt mit der nur eben theologisch nicht durchreflektierten Art, wie die älteste Schicht der Jesusworte die Stellung des Menschen vor Gott versteht ... Bei Paulus ist das aus den Anfängen der Jesus-Bewegung bekannte Paradox auf einmal wieder da." [84] Aus der Tatsache, daß Paulus bei der von ihm gegebenen Interpretation seiner Christologie sich offenbar nicht bewußt ist, das Phänomen des irdischen Jesus auszulegen,[85] geht — wie H. Braun zutreffend feststellt — hervor, daß das jesuanische Paradox dem Paulus „bestimmt nicht vom historischen Jesus her vermittelt" [86] ist.

„Im Verständnis der Situation des Menschen vor Gott haben wir also eine Analogie zwischen Jesus und Paulus; eine zwar nicht historisch vermittelte, aber eine faktische. Die Christologie dagegen hat sich verändert: das vorchristologische Stadium der ältesten Jesus-Tradition ist der christologischen Verschlüsselung gewichen, die zunächst in jüdischer, dann in hellenistischer Chiffre erfolgte." [87] Das Selbstverständnis des glaubenden Menschen ist also die Konstante — oder nach einer griffigeren Formulierung H. Brauns: „die Anthropologie ist ... die Konstante; die Christologie dagegen ist die Variable" [88]. Denselben Sachverhalt vermag H. Braun für die Synoptiker und Johannes einsichtig zu machen, was im hier gewählten Rahmen nicht mehr nachgezeichnet werden muß. Wesentlich ist indes die Feststellung, daß das johanneische Schrifttum offensichtlich — Paulus vergleichbar — die genannte Konstanz aufweist, ohne sie durch eine historisch kontinuierliche Tradition vom irdischen Jesus her vermittelt zu haben. H. Braun fragt dann aber ganz präzise: „Ist dann das wesentliche Christianum, die neutestamentliche Konstante des glaubenden Selbstverständnisses, vielleicht doch eine Idee?“ [89] Wenn es für den Begriff der Idee konstitutiv ist, „daß etwas für alle gilt und ihnen nur zum Bewußtsein gebracht zu werden braucht“ [90], dann ist die Vermittlung des Inhalts ohne Bedeutung für seine Gültigkeit. „Geht es in der Idee um Fragen des Ethos, so besteht die Teilhabe des Menschen an solcher Idee in einer schrittweisen Annäherung an das als Idee erfaßte Soll.“ [91]

Nun liegt auf der Hand — wie H. Braun klar formuliert —, daß das mit den christologischen Aussagen verbundene glaubende Selbstverständnis im Neuen Testament keine Idee ist. „Die Verlorenheit des Menschen wird bei Jesus, bei Paulus und im vierten Evangelium auf der Basis des wahren bzw. des gegenwärtigen Heiles *gepredigt*. Der diese Predigt Annehmende nimmt sie nicht als allgemeine Wahrheit, sondern als richtende Wahrheit über *sein* Leben an. Das Heil, also Jesu Gemeinschaft mit den Sündern, die Rechtfertigung des Gottlosen bei Paulus, die radikale Veränderung des Woher der Existenz im vierten Evangelium würden geradezu in ihr Gegenteil verkehrt, nähme man ihnen ihren je und je sich vollziehenden Ereignis-Charakter und machte man sie zu allgemeinen Wahrheiten. Es handelt sich bei diesen Aussagen gerade nicht um ewige Wahrheiten, welche, einmal zur Kenntnis gebracht, des weiteren theoretisch einleuchten. Ihr lebendiges Erfassen bleibt gebunden an den immer neuen Vollzug ihres Verkündetwerdens.“ [92] Es handelt sich ebensowenig um Annäherungswerte, sondern um „die tragende Basis, auf der danach die Paränese und die dann allerdings relative ethische Praxis ruhen“ [93]. Da dieses Selbstverständnis aber auch nicht historisch vermittelt ist, ergibt sich eine Verlegenheit, welcher Kategorie es dann zuzuordnen sei. Diese Verlegenheit ist nach H. Braun eine „Schein-Aporie“ [94]. „Sie lebt von der verkehrten Voraussetzung, es gebe hier nur zwei Möglichkeiten, das historische Tradiert- und Vermitteltsein einerseits und die Idee andererseits. Das glaubende Selbstverständnis des Neuen Testamentes dagegen gehört jener dritten Kategorie von Phänomenen an . . ., die sich begeben und erst in ihrem Sichbegeben gültig und bindend werden. Das glaubende Selbstverständnis des Neuen Testaments ist ein je und je sich vollziehendes Begebnis und Ereignis." [95]

Aus all dem ergibt sich, daß „das, wofür die variable christologische Terminologie gut steht, also die Art, wie der Mensch sich vor Gott versteht, . . . nicht vom historischen Jesus zu Paulus und zum johanneischen Kreise tradiert worden (ist)" [96]. Der in der genannten Weise sich verstehende Mensch hat es mit dem Erhöhten zu tun. „Das Urteil ‚der Erhöhte *ist* Jesus' wird nicht von außen gewonnen; es ist ein Bekenntnis . . . Der Bekennende bekennt für *sich* Verlorenheit und Heil, für *sich* das Wahrsein des neutestamentlichen Selbstverständnisses . . . Das Heil und damit die Einsicht in seine ihm jetzt erst erschlossene Verlorenheit ist ein Geschehnis . . . Er (der Bekennende) weiß um die grundsätzliche Gleichheit dessen, was ihm in seinem spezifischen Selbstverständnis widerfährt, und dessen, was sich um Jesus von Nazareth begab; und er weiß damit um das pointiert Von-außerhalb-seiner dieses Selbstverständnisses. Mit der Beziehung von ‚Christus' und ‚Kyrios' und ‚Gottessohn' auf Jesus bekennt er, daß Jesus je und je geschehen will. Er behauptet aber nicht eine historisch vermittelte, eine tradierte Kontinuierlichkeit solchen jeweiligen Geschehens." [97]

Ist H. Braun damit nun doch zur Bultmannschen Kerygma-Theologie zurückgekehrt? — Die Diskussion hat erbracht, daß bloße Wiederholung der Verkündigung Jesu die Vergangenheit allenfalls so vergegenwärtigen kann, daß der Hörer vor die Entscheidung für oder gegen eine Möglichkeit des Selbstverständnisses gestellt wird, die in der Verkündigung des historischen Jesus erschlossen wird. Die Verkündigung des historischen Jesus ist aber nach R. Bultmann [98] Verheißung des Heils. Im Zuge des kontinuierlichen Weitersagens der Verkündigung Jesu könnte also lediglich die Verheißung im Sinne historischer Kontinuität vermittelt werden. Doch melden sich hier erneut Fragen nach der Tradierbarkeit von Verheißung. Ist Verheißung, wenn sie aus ihrem ursprünglichen Horizont gelöst wird, noch den Menschen beanspruchende Ansage künftigen Heils? Anders gesagt: Verliert sie nicht gerade dann den ihr eigenen Charakter des Anspruches, wenn sie nicht mehr direkt innerhalb ihres eigenen Horizontes steht, sondern durch einen historischen Traditionsprozeß in jeweils andere, ihr ursprünglich fremde Horizonte gelangt? Tradierte Verheißung bleibt nur solange Verheißung, als sie innerhalb ihres eigenen Horizontes weitergegeben wird. Insofern kann die Verkündigung des historischen Jesus als Verheißung im palästinensisch-jüdischen Raum solange als Verheißung weitergegeben worden sein und weitergewirkt haben, wie die ihren ursprünglichen Horizont konstituierenden Elemente andauerten; mit anderen Worten: solange es das Judentum gab, aus dem Jesus kam und in das er hineinsprach. Das Ende dieses Judentums aber ist signalisiert durch die Zerstörung des Tempels, also durch das Ende des Kultes und die Neuorganisation der Reste dessen, was einmal die jüdische Kultgemeinde gewesen war, zum pharisäisch geführten Synagogenverband, in dessen Zentrum nicht mehr der Kult, sondern die Halacha steht. Gilt dies chronologisch gesehen für den jüdisch-palästinensischen Raum, so gilt dasselbe, unabhängig vom Schicksal des Judentums, für den Übertritt der Verheißung Jesu in den hellenistischen oder gnostischen Bereich, mögen sich solche Übertritte nun auf palästinensischem Boden ereignet haben oder außerhalb Palästinas. Die Verheißung tritt dann in einen neuen, ihr ursprünglich fremden Horizont und hört somit auf, den Menschen beanspruchende Ansage künftigen Heiles zu sein.

Soll die Verheißung im jeweils neuen Horizont ihren Verheißungscharakter behalten, so kann dies nur dadurch geschehen, daß sie selbst verändert wird. Denn den jeweils fremden Horizont dem ursprünglich eigenen anzugleichen ist eine historische Unmöglichkeit. Was besagt solche Veränderung? Sie besagt doch wohl zumindest so viel, daß der Träger der Verheißung seine eigene Verheißung neu in den jeweils fremden Horizont hineinsagen müßte. Denn nur er vermag ja den Verheißungscharakter zu garantieren. Also tritt nun an die Stelle des nicht mehr Verheißung wirkenden historisch tradierten Verkündigungswortes die Gestalt des Verheißungsträgers. Nicht die historische Gestalt also, die einmal die historisch tradierbaren Verheißungsworte sprach, denn diese Gestalt vermöchte in dem ihr fremden Horizont die Verheißung ja gerade nicht aufzupflanzen. Also wird sie aus den Elementen des Horizontes, in den sie hineintritt, neu gestaltet. Diese Neugestaltung ist freilich eine Veränderung der historisch-tradierten Gestalt. Es ist aber keine willkürliche Veränderung. Sie ist vielmehr geleitet von dem Verheißungscharakter her, der aufrechterhalten werden soll. Sie gestaltet sich also so, daß sie in dem neuen Horizont Verheißungsworte sprechen kann, Worte also, die den Menschen beanspruchende Ansage künftigen Heiles sind. Der Inhalt dieses Heiles aber ist derselbe wie der Inhalt der Verheißung, den die historische Gestalt ausgesprochen hat.

Wie ist Verheißung hier zu verstehen? — Wenn der historische Jesus das Heil *verheißen* hat und die Verheißung dieses Heils den Menschen in die Entscheidung stellt, die ihm angebotene Möglichkeit des neuen Selbstverständnisses anzunehmen oder zu verwerfen, dann müßte — sollen die angestellten Überlegungen der Sache, um die es geht, angemessen sein — die Neugestaltung des Verheißungsträgers dieselbe Möglichkeit eröffnen. Es kann nach dem bisher Erkannten und von niemandem Bezweifelten keine Frage mehr sein, daß dies auch tatsächlich im Kerygma geschieht. Indes: das Christuskerygma fordert „den Glauben an den in ihm präsenten Jesus, der nicht nur, wie der historische Jesus das Heil verheißen, sondern der es schon gebracht hat“ [99]. Die Entscheidung fällt also in der Konfrontation mit dem im Kerygma präsenten Heil. Hat sich also die Sache selbst gewandelt, so daß es sich nun gar nicht mehr um Verheißung handelt? Und bewirkt das Kerygma dann etwas sachlich anderes als die Verkündigung des historischen Jesus? Es handelt sich hier um eine Scheinaporie! Denn die Verheißung des historischen Jesus eröffnet dem Menschen durch die Ermöglichung eines neuen Selbstverständnisses eine neue Zukunft. Gerade darin, daß die Verlorenheit der Gegenwart aufgebrochen wird, und ein dem Gottlosen nicht erkennbarer Weg eröffnet ist, auf dem er als Begnadeter nun gehen kann und gehen darf, liegt der Charakter der Verheißung als den Menschen beanspruchende Ansage künftigen Heiles. Indem das Christuskerygma dieses Heil im Verheißungsträger gegenwärtig setzt, ist eine Konfrontation mit diesem Heil dem Gottlosen erst ermöglicht, erfolgt die Ansage künftigen Heiles für den, der das Bekenntnis annimmt. Der Glaube ist nichts anderes als das Annehmen solcher Ansage und der Beginn und die Fortsetzung des Weges, den sie eröffnet. Selbstverständlich hat R. Bultmann [100] recht, wenn er den Glauben als „neue Existenz" bezeichnet. Gerade darin aber hält sich ja der Verheißungscharakter durch, daß das Heil sich je neu ereignet. Die Künftigkeit des Heils in der Form der Verheißung signalisiert das extra nos dieses Heiles. Es wäre ein Mißverständnis des Kerygmas — das freilich schon in enthusiastischen Entwürfen der Urchristenheit begegnet —, wollte man das im Verheißungsträger gegenwärtige Heil als Heilsbesitz des Glaubenden verstehen.

Zurück zur Ausgangsfrage! R. Bultmann stellt fest: „Alle Bemühungen, zu zeigen, daß der historische Jesus in seinem Wirken schon den Anbruch der Heilszeit gesehen hat, können über den grundsätzlichen Unterschied zwischen seiner Verkündigung und dem Christus-Kerygma nicht täuschen, der wieder bei Paulus und Johannes zur Klarheit gebracht worden ist ... Und wenn existentiale Interpretation den Sinn solcher Worte in Wort und Tat des historischen Jesus wiederfinden kann, wie etwa Robinson und Braun es tun, so sind sie faktisch durch das Kerygma geleitet, in dem das Paradox ‚im Tode wohnt das Leben' erst explizit geworden ist.[101] Wenn es nun so ist, daß das Kerygma Jesus als den Christus, als das eschatologische Ereignis verkündigt, wenn es beansprucht, daß in ihm Christus präsent ist, so hat es sich an die Stelle des historischen Jesus gesetzt; es vertritt ihn." [102] Ist diese Feststellung aber dazu geeignet, der Frage nach dem Wie und Was des historischen Jesus zu wehren und erneut die einzige Bedeutung des Daß zu betonen? Oder fordert nicht umgekehrt die zutreffende Erkenntnis, daß das Kerygma sich an die Stelle des historischen Jesus gesetzt hat, geradezu dazu heraus, die Relation zwischen beiden zu erörtern? Anders ausgedrückt: „Bedarf das Kerygma nicht ebenso des historischen Jesus wie der historische Jesus des Kerygmas, weil beide für sich, eins ohne das andere, noch nicht sind, was sie *wesentlich* sind?“ [103]

Das Kerygma als Repräsentation des Verheißungsträgers in jeweils anderen geschichtlichen Horizonten „verdankt sich nicht der Anstrengung begrifflicher Arbeit, sondern unmittelbarer der religiösen Kompetenz seiner Träger, die nach ihrem Selbstverständnis diese Kompetenz dem unter und in ihnen wirksamen ‚heiligen Geist‘ zuschreiben“ [104]. So ist denn die Annahme des Kerygmas seinem Charakter entsprechend Glaube, der sich wiederum im Bekenntnis artikuliert — nicht mit logischer Konsequenz erfolgende Rezeption reflektierter, begrifflich gefaßter und in sich stimmiger Tatsächlichkeiten. Solche Art adäquater Annahme des Kerygmas, solcher Glaube also, ist indes wiederum nur da möglich, wo die Konfrontation mit dem Kerygma innerhalb desselben Horizontes statthat. Nur da kann es den Menschen beanspruchende Ansage künftigen Heils sein und dem Verlorenen neue Zukunft eröffnen.

Soll das Kerygma in dieser seiner Funktion in unserer heutigen Situation wirksam werden, so kann dies nicht dadurch geschehen, daß es in seiner einem uns fremden Horizont zuzuordnenden Verschlüsselung einfach weitergesagt wird im Sinne einer historischen Kontinuität. Wo dies geschieht, wird allenfalls ein antiker Text korrekt zitiert, aber nicht verkündigt. Es bleibt nichts anderes übrig, als begrifflich zu explizieren, was die kerygmatische Fassung verschlüsselt. Wenn dies aber geleistet werden soll, muß diese theologische Explikation bei der Relation zwischen Kerygma und Verkündigung Jesu ansetzen. Liegt zu dieser Aufgabe das Kerygma in interpretierbaren Texten vor, so muß nach der Verkündigung Jesu hinter das Jesusbild der Evangelien zurückgefragt werden. Das kann in unserer Situation nur historisch-kritisch geschehen. Nur auf diese

Weise kann der Anspruch des Verheißungsträgers wirksam werden.

Es bleibt also festzustellen: Eine theologische Berechtigung, historisch nach Jesus von Nazareth zu fragen, kann es nur dann geben, wenn es eine Relation zwischen der Verkündigung des historischen Jesus und dem Kerygma gibt. Die Antwort R. Bultmanns, daß es diese Relation nur in der Form gäbe, daß das Kerygma die Faktizität des historischen Jesus voraussetze, schließt die theologische Bedeutsamkeit der historischen Kenntnis des Was? und Wie? der Verkündigung und des Wirkens Jesu klar aus. Aus diesem Grund entscheidet sich R. Bultmann für die kerygmatische Theologie gegen den historischen Jesus.

Auf dem Boden der grundsätzlich gleichen Antwort, daß nämlich zwischen dem historischen Jesus und dem Kerygma keine sachliche Übereinstimmung herrsche, ist indes auch die umgekehrte Antwort möglich. Man entscheidet sich gegen Paulus für den irdischen Jesus.

Beide Haltungen, die aus derselben Beurteilung der Relation zwischen der Verkündigung des historischen Jesus und dem Kerygma herkommen und die vereinfacht mit der einander entgegengesetzten Lösung der Alternative Jesus oder Paulus markiert werden können, messen der Tatsache zu wenig Gewicht zu, daß immerhin die synoptische Überlieferung und ihre Vorläufer wie noch die johanneische Tradition ein starkes Interesse am Wie? Jesu erkennen lassen, ja, gerade in diesem Wie das jeweils Charakteristische zu suchen ist. H. Thyen formuliert zutreffend: „Nicht nur für das *Jesusbild* der Evangelien, sondern noch für die äußerste Konzentration auf die Kreuzigung Jesu bei Paulus ist vielmehr das konkrete Wie Jesu und seines Weges schlechthin konstitutiv.“ [105] So ergibt sich als dritte Möglichkeit, die die Alternative „Jesus oder Paulus“ auflöst zu „Jesus und Paulus“, diejenige, welche in der heutigen Diskussion in der Verschiedenartigkeit der einzelnen Vorschläge den breitesten Raum einnimmt. Gerade diese dritte Position hat nun dazu geführt, die Frage nach dem historischen Jesus erneut aufzunehmen.

3. Aporien

Wenn es für eine sachgemäße Interpretation unerläßlich ist, die Relation von Verkündigung des historischen Jesus und Kerygma deutlich zu machen, so bietet sich die zur Interpretation anstehende Tradition in einer Weise dar, die gerade diese Relation literarisch bezeugt und dadurch die Beantwortung der Frage nach dem historischen Jesus in kaum zu unterschätzender Weise erschwert. Eben weil es darum geht, Gestalt und Verkündigung Jesu jeweils neu in andere Horizonte zu transponieren und dennoch die Verbindung der kerygmatischen Aussage mit dem irdischen Jesus literarisch zu gewährleisten, ergibt sich eine so enge Verflechtung historischer Ursprünglichkeit und kerygmatischer Fassung, daß es für die historische Fragestellung unerläßlich ist, zunächst die Sperren zu erörtern, die sich der historischen Frage entgegenstellen. Zutreffend hat F. Hahn [106] darauf hingewiesen, daß wir nicht darum herumkommen, „uns mit den bleibenden Aporien zu befassen, wie wir zugleich eine bis ins einzelne durchgeführte Kriteriologie brauchen, die eine Eruierung des vorösterlichen Traditionsgutes sinnvoll und kontrollierbar macht. Erst dann kommen wir aus dem Dilemma heraus, die Möglichkeit des Rückgangs auf den vorösterlichen Jesus einfach zu bestreiten oder kurzschlüssig zu postulieren ... Die Schwierigkeiten tauchen bei der exegetischen Arbeit vor allem an drei Punkten auf: einmal bei der Selektion der Jesusüberlieferung, sodann bei der formalen Prägung und Umprägung dieser Überlieferung innerhalb des Neuen Testamentes, schließlich bei deren Neuinterpretation.“ [107]

a) Selektion und Sammlung

Was jedem unbefangenen Leser der synoptischen Evangelien sofort in die Augen springt, mag er sich auch über die traditionsgeschichtlichen Prozesse kaum orientiert haben, ist die Beobachtung, daß die Evangelien offensichtlich eine Art Traditionssammlung sind. Doch erhebt sich sofort die Frage, in welcher Weise hier Tradition gesammelt ist und ob sich Kriterien finden lassen, die Licht auf diesen Prozeß werfen.

Die Beobachtung, daß die Evangelien nach Matthäus, Markus und Lukas hinsichtlich ihres Aufbaues und auf weite Strecken auch im dargebotenen Stoff übereinstimmen, war schon in der alten Kirche gemacht worden. Neue Brisanz gewann die Frage nach der literarischen Abhängigkeit indes im Rahmen der liberalen Leben-Jesu-Forschung, die durch die Entscheidung über die Frage, welches von diesen dreien das älteste Evangelium sei, von dem die beiden anderen abhängen, zugleich die authentische Jesusüberlieferung zu erkennen meinte. Seit der Streit um die Markuspriorität dahin entschieden ist, daß wir im Markusevangelium die älteste Evangelienschrift und zugleich den Typos der literarischen Gattung des Evangeliums vor uns haben, stellt sich die Frage nach der Sammlung auf neue Weise. Die Priorität des Mk vor Mt und Lk ist gesichert, doch die diese Frage vorantreibende Hypothese, damit die authentische Jesusüberlieferung entdeckt zu haben, hat sich nicht erhärten lassen. Seit W. Wredes Untersuchungen zum Messiasgeheimnis in den Evangelien steht fest — wie immer man auch zu den Detailfragen stehen mag —, daß bereits Mk als der erste Evangelist sich bei seiner Sammlung und Darstellung des Traditionsstoffes von kerygmatischen Prinzipien leiten ließ. So ist nun die Frage nach der Art der Sammlung, die von Mt und Lk her im Blick auf das ihnen vorgegebene Mk-Evangelium gestellt werden muß, auch an Mk zu richten.

Vergleichbares, um nicht zu sagen dasselbe, gilt für die aus Mt und Lk erschlossene, von Mk nicht benutzte Logienquelle Q, über deren Umfang — was den erhobenen Textbestand angeht — sich ein Konsens angebahnt hat, wenn auch Einzelfragen weiterhin offen bleiben. Die Tatsache, daß Mt und Lk in ihrem über Mk hinausgehenden Stoff, hauptsächlich der Redeüberlieferung, nicht nur im Wortlaut, sondern auch in der Reihenfolge in auffallender Häufigkeit übereinstimmen, läßt die Hypothese einer beiden gemeinsamen schriftlichen, griechisch abgefaßten Quelle zu einer unverzichtbaren Voraussetzung der exegetischen

Arbeit werden. Der Charakter der Hypothese bleibt theoretisch freilich solange erhalten, als die postulierte Schrift lediglich auf literarkritischem Wege erschlossen ist. Doch ist dieser Sachverhalt in der Bibelwissenschaft nicht ohne Vorgang. Blickt man von Mt und Lk auf die beiden vorgegebenen Quellen Mk und Q, so ist nun zwischen diesen beiden Vorlagen traditionsgeschichtlich wiederum ein wesentlicher Unterschied festzustellen, der im Rahmen des Sammlungsprozesses Beachtung verdient. Trotz weitestgehender Übernahme des Mk in das Mt- und Lk-Evangelium blieb Mk selbst als eigenständige Schrift erhalten und wurde weitertradiert. Die Logienquelle hingegen, die Mt und Lk unabhängig voneinander vorgelegen haben muß — wie die grundverschiedene Behandlung dieser Vorlage durch die beiden synoptischen Großevangelien zeigt —, wurde nicht als eigenständige Schrift weitergegeben. Sie ist offenbar durch die beiden Großevangelien verdrängt worden. Was dieser verschiedene Traditionsprozeß bedeutet, wird zu erörtern sein. Andererseits ist nun wiederum, wie im Falle des Mk, auch an Q die Frage nach der Art der Sammlung zu richten.

Sammlung von Tradition wird im allgemeinen dahin verstanden, daß in möglichster Akribie schriftlich oder mündlich unterschiedlich verfestigte Überlieferung, die sich auf denselben Gegenstand bezieht — mag es sich hierbei nun um eine Person oder ein Ereignis im weitesten Sinn des Wortes handeln — zusammengetragen und in einer noch näher zu bestimmenden Weise dargestellt wird. Solche Absicht, zu sammeln und darzustellen, wird ausdrücklich vom Verfasser des Lukasevangeliums im Proömium zu seinem Werk (Lk 1, 1—4) genannt. Doch zeigt schon ein Blick auf den Umgang gerade des Lk mit seinen Vorlagen, daß ein Vorgehen sichtbar wird, das nun gerade dieser Absicht zuwider zu laufen scheint. Gewiß fällt gerade an diesem Werk auf, daß sein Verfasser offensichtlich in seinem Eifer, möglichst alle ihm erreichbare Überlieferung aufzuspüren, von Erfolg begleitet war, was das umfangreiche Sondergut zu erkennen gibt. Dennoch zeigt die Darstellung im Vergleich mit seinen Quellen, daß gerade Lk eine — freilich nicht im eigentlichen Sinne zu nehmende — „Dublettenscheu“ an den Tag legt. Das gilt auch hinsichtlich der Gestaltung des aus den Quellen übernommenen Stoffes, der gelegentlich erweitert — was man mit der Akribie des Sammlers erklären könnte —, aber auch gekürzt und direkt verändert wird. Noch auffallender ist dies bei Mt, zu dessen Eigentümlichkeiten es gehört, daß er seine Vorlagen — insbesondere Mk — oft bis zur Unstimmigkeit des Erzählduktus strafft und manches übergeht, obwohl er andererseits über Traditionen verfügt, die weder aus Mk noch aus Q stammen können. Es wird also auf der Ebene der Großevangelien deutlich erkennbar, daß wir mit Selektion während der Sammlung zu rechnen haben, d. h.: wer sammelt, wählt aus. Das ist mit der Arbeitsweise eines modernen Historikers unvereinbar. Und so wird einmal mehr deutlich, daß den evangelischen Schriften nicht gerecht wird, wer sie mit den Augen eines Historikers im Sinne der Neuzeit lesen will. Die Methoden des Historikers sind eben nicht die der Evangelisten, auch wenn Lk 1, 1—4, worauf oft verwiesen wird, diesen Eindruck erwekken will.

Was für Mt und Lk aufgewiesen werden kann, darf für Mk und Q vermutet werden. Dies ist nun freilich eine Hypothese, die zunächst unbewiesen ist. Dennoch kann sie als Arbeitshypothese gelten und es lassen sich Argumente beibringen, die auf ihre Wahrscheinlichkeit konvergieren, so daß es sachgemäß erscheint, davon auszugehen, daß auch Mk und Q bei der Sammlung der Tradition selektiert haben. Es gibt Hinweise, daß bereits in der Periode der mündlichen Weitergabe Stoff nicht nur gesammelt, sondern auch abgestoßen wurde.[108]

F. Hahn[109] nennt zwei Tatbestände, die in diesem Prozeß mit zu veranschlagen sind: Den Übergang vom aramäischen zum griechischen Sprachbereich. Über die aramäisch sprechenden Gemeinden der palästinensischen Urchristenheit wissen wir nur soviel, wie ihre griechisch weitergegebenen Traditionen erkennen lassen. Nun ist aber schon aus der Tatsache, daß die in alter Überlieferung noch aramäisch erhaltenen Worte Jesu bereits innerhalb des Neuen Testamentes durch ihre griechische Übersetzung unterdrückt werden, ein Indiz dafür, „daß ursprüngliche Jesustradition, die den Gemeinden des aramäischen Sprachbereichs geläufig war, nicht im vollen Umfang übernommen worden ist“ [110]. F. Hahn vermutet wohl mit Recht, daß der ursprüngliche Bestand der Jesusworte und damit auch der Jesustradition aramäisch war. Dies dürfte auch bei angemessener Beachtung der Zweisprachigkeit Palästinas in hellenistischer Zeit Gültigkeit haben. Demnach dürften sich aus den Sperren, die sich bei der Übertragung zeigen, Schwierigkeiten für die Sammlung und Anlässe zur Abstoßung von Stoff gemeldet haben. Die Tatsache, daß die Evangelien Aramaismen und schwer verständliche Worte enthalten, spricht für diese Annahme. Schließt man sich dieser Beobachtung an, so wird man schwerlich die Überlegung von sich weisen können, daß die Überlieferung — mindestens der Jesusworte — schon zu Lebzeiten Jesu eingesetzt haben mag. Daß es schon in vorösterlicher Zeit Jesusgruppen im Lande gab, die seine Worte bewahrten, ist eher wahrscheinlich als das Gegenteil. Wiewohl wir auch hier über Vermutungen nicht allzu weit hinauskommen, lassen die Evangelien doch die entsprechenden Hinweise ziemlich deutlich erkennen, wenn von Orten die Rede ist, in denen Jesus zu Hause war, und von Personengruppen, mit denen er offenbar in Kontakt stand, ohne ständig bei ihnen zu weilen. Und was Jesu Heilungen und Exorzismen angeht, so werden die nicht eingehaltenen — und wohl auch nicht einhaltbaren — Schweigegebote nicht ohne faktisches Fundament sein; sein unasketischer Umgang mit den Sündern und seine Inkorrektheit gegenüber pharisäischer Toraerfüllung, die zu den sicher echten Schimpfworten der Pharisäer provozierte, noch viel weniger.

Nun ist andererseits nicht zu leugnen, daß derlei altes Überlieferungsgut, soweit sich die Überlieferung innerhalb der synoptischen Überlieferung überblicken läßt, mehr und mehr abgewandelt wird (z. B. Sabbatwort Mk 2, 27 f.). Gilt die oben festgestellte Analogie für Mk und Q sowie die vorliterarischen Traditionsschichten auch unter der hier zu erörternden Rücksicht, dann wird man diesen Prozeß noch weiter zurück verlagern müssen. Das Interesse verlagert sich eindeutig in christologischer und ekklesiologischer Richtung und führt zur Umgestaltung, aber auch zum Abstoßen ursprünglich echten Jesusgutes, das sich den neuen Bedürfnissen gegenüber sperrt. Nimmt man einen vorösterlichen Traditionsprozeß an, etwa im Sinne des oben vorsichtig skizzierten Konzepts, so wird die Unterschiedlichkeit der Situation vor und nach Ostern deutlich. Der Kreuzestod Jesu und die diesen Tod interpretierende Ostererfahrung der Jünger — was immer auch darunter zu verstehen ist — haben es „unausweichlich mit sich gebracht, daß Worte Jesu und Berichte über seine Taten verlorengegangen sein müssen“ [111]. F. Hahn hat zweifellos recht, wenn er feststellt, daß die Frage nach der Bedeutung des sogenannten „Ostergrabens“ zur Erlangung der traditionsgeschichtlichen Erkenntnis, wie sie oben genannt wurde, nicht erst hochgespielt werden muß. Dennoch scheint eine Reduktion des den Traditionsfluß merklich bestimmenden Ereignisses auf eine wie immer geartete Ostererfahrung mißverständlich und folgenschwer. Bereits die ältesten Traditionsstücke inner- und außerhalb der Evangelien, die von der Erweckung Jesu sprechen, tun dies immer im Blick auf den Gekreuzigten. Es ist nicht einfach vom Erwecktwerden eines Toten die Rede, wiewohl es das im Neuen Testament auch gibt, sondern von der Erweckung des Gekreuzigten. Der das Kreuz interpretierende Charakter der Ostererfahrung tritt also deutlich hervor. Wenn dem aber so ist, der Ostergraben andererseits die Traditionsbildung wesentlich dirigiert hat, dann sollte von Kreuz und Auferweckung als den entscheidenden Elementen der Traditionskorrektur gesprochen werden. Es ist also dann nicht alleine davon auszugehen, daß die Ostererfahrung als solche die Überlieferung vom irdischen Jesus zurückgedrängt hat, sondern daß die Spannung zwischen Verkündigung und Wirksamkeit des irdischen Jesus und dem Kreuzestod dieses Jesus mit zu den Konstitutiva der Ostererfahrung gehört. Das Geschehen ist also wohl komplexer, als es auf den ersten Blick scheinen will.

b) Sammlung der Überlieferung im zeitgenössischen Judentum

Es wird mit Recht immer wieder darauf hingewiesen, daß die Bildung des neutestamentlichen Kanons im Zusammenhang mit der Sammlung und beginnenden Fixierung der halachischen Tradition des antiken Judentums gesehen werden müsse. Bezeichnenderweise kommt solcher Hinweis nicht aus den Reihen der Neutestamentler, sondern aus denen der Judaistiker und wird demzufolge meist in der entgegengesetzten Richtung formuliert: das Bedürfnis der Sammlung der mündlichen Tradition des Judentums erfolge gegen Ende des 1. Jahrhunderts auch als Gegenschlag gegen die Bildung des neutestamentlichen Kanons. Wenn im vorliegenden Zusammenhang aus der Sicht des Neutestamentlers diese Wechselbeziehung im Blick auf das Neue Testament formuliert wird, so nicht, um den gesamten komplexen Zusammenhang zu entwirren, sondern um in der Frage nach der Traditionssammlung ein Stück weiterzukommen. Daß Halachot zur Zeit Jesu bereits gesammelt werden, dürfte mittlerweile unbestritten sein. Die unter dem Namen des berühmten Zeitgenossen Jesu Hillel überlieferten hermeneutischen Regeln sind wohl ein deutlicher Fingerzeig, daß es um Auslegung von Tradition im Blick auf das rechte Tun ging. Von daher gesehen wird man so etwas wie ein Primärinteresse an jesuanischer Halacha zu Lebzeiten Jesu in den palästinensisch-jüdischen Jesusgruppen mit Recht vermuten. Und wenn die Forschungen zur Logienquelle zeigen, daß es sich im ältesten Überlieferungsgut um halachische Tradition handelt, so dürfte tatsächlich ein Weitersagen ursprünglicher Jesusverkündigung über den schon genannten Ostergraben hinweg gegeben sein. Das Problem der Selektion wird gerade in diesem neuen Zusammenhang besonders reizvoll. Die Beobachtung, daß die Logienquelle als eigenständige Schrift nicht weiter überliefert wird, sondern — ob ganz oder teilweise, wird wohl auch weiterhin offenbleiben müssen —, von Mt und Lk aufgenommen und damit verdrängt wurde, zeigt eindeutig, daß das Interesse an der Jesushalacha christologisch überlagert wurde. Halacha im ursprünglichen Sinne ist es also nicht mehr, sondern eine vom Charakter des Lehrers abhängige ethische Weisung eigener Art. Warum die Entwicklung so und nicht anders verlaufen mußte, ist vom Übertritt der Verkündigung in einen anderen Horizont abhängig (vgl. Kap. 1). Jedenfalls wird damit zu rechnen sein, daß die Selektion antihalachisch verlief. Das wird bei einem Rekurs auf den irdischen Jesus stets mitzubedenken sein. Jedenfalls läßt sich bereits soviel sagen: Halachische Elemente alter Tradition verdienen den Vorrang vor christologischen. Wo sie im christologischen Rahmen auftreten, müssen sie möglichst aus ihm gelöst und für sich interpretiert werden. Die Konvergenz der halachischen Überlieferung gestattet dann den weiteren Schritt, eine Einordnung in den zeitgeschichtlich-jüdischen Rahmen zu versuchen und Übereinstimmungen wie Unterschiede deutlich zu machen.

Eine Besonderheit halachischer Überlieferung ist bislang nicht in den Blick getreten und, soweit ich sehe, im Rahmen einer traditionsgeschichtlichen Betrachtung der Jesusüberlieferung nicht zur Sprache gebracht worden: die Bedeutung der Verwandtschaft im jüdischen Lehrbetrieb, mindestens seit dem Untergang des Tempels, aber auch schon vorher! Hält man sich vor Augen, daß die Traditionen der Lehrhäuser häufig Familientraditionen waren, und der Sohn — nicht ausschließlich, aber auch — bei seinem Vater in die Schule ging, so ist die Lehrautorität, die den jeweils im Lehrhaus diskutierten und promulgierten Halachot zukommt, auch verwandtschaftlich bedingt. Man kann also bei Lehrentscheidungen die verwandtschaftliche Dignität als Argument geltend machen. Von hier aus wäre die Rolle der Herrenbrüder in der Urchristenheit neu zu bedenken. Wenn Jakobus, offenbar der älteste Bruder Jesu, die führende Rolle in der Jerusalemer Gemeinde innehat, wie aus den Nachrichten des Paulus hervorgeht und wie es die Darstellung der Apostelgeschichte deutlich zu erkennen gibt, so dürfte zumindest in einem repräsentativen Teil der Jerusalemer Urchristenheit diese auf der Verwandtschaft beruhende Dignität Anerkennung gefunden haben. Daß es sich auch um Lehrautorität handelt, wird aus dem Jakobusbrief deutlich und aus der Tatsache, daß auch Paulus ohne das Einverständnis des Jakobus nicht predigt. Doch liegt auf der Hand, daß die Urchristenheit — und zwar in weitaus breiterer Bezeugung — andere Begründungen von Lehrautorität kennt. Dabei scheint das Argument, den Auferweckten gesehen zu haben, zwar unerläßlich — auch von Jakobus wird es 1 Kor 15 überliefert —, dennoch das schwächste gewesen zu sein, wenn es alleine vorgebracht wird. Das wird an dem permanenten Kampf des Paulus um die Anerkennung seines Apostolates ganz deutlich; denn er kann nun in der Tat nichts anderes anführen, als daß er „unseren Herrn Jesus gesehen" (1 Kor 9, 1) habe. Anders hingegen Kephas: er kann für sich in Anspruch nehmen, Schüler Jesu gewesen zu sein. Und nun ist auffallend, daß das „Schülersein" beim Herrenbruder Jakobus durch die Verwandtschaft mit Jesus ersetzt werden kann und offenbar als gleichwertig gilt. Jakobus war nicht Schüler seines älteren Bruders. Und nun kann gesagt werden: Er hat es auch nicht nötig, weil er sein Bruder ist. Dieses Argument ist nicht unangefochten in der Urchristenheit. Zumindest Paulus polemisiert dagegen ganz deutlich. Dies ist in unserem Rahmen nicht so sehr von Belang, weil es sich außerhalb der Jesustradition abspielt. Doch wird man die Texte, die von den wahren Verwandten Jesu handeln, wie überhaupt Überlieferungen, die die Verwandten der Schüler Jesu mit ihm zusammen nennen — vgl. die Heilung der Schwiegermutter des Petrus — auf diesem Hintergrund zu bedenken haben: die Schülerschaft polemisiert in ihnen gegen die Verwandtschaft. Traditionsgeschichtlich gehören solche Überlieferungen dann wohl in die früheste Zeit der Urchristenheit, in der es um die Legitimation der Lehrautorität nach jüdischem Muster geht. Daß die Schülerschaft sich schließlich gegen die Verwandtschaft durchsetzte, mag darin begründet sein, daß sie die historische Realität für sich beanspruchen konnte, daß die Angehörigen der Familie eben nicht zugleich seine Schüler waren.

Wenn also oben vom antihalachischen Charakter des Traditionsprozesses gesprochen wurde, so kann nun erwogen werden, wie sich dieser Charakter zur eben genannten Auseinandersetzung zwischen Verwandtschaft und Schülerschaft verhält. Es wird nicht abwegig sein, die halachische Jesusüberlieferung in der Verwandtschaft anzusiedeln. Hinweise hierauf enthält das Neue Testament: so die von F. Mußner mit Recht betonte Nähe des Jakobusbriefes zur Bergpredigt und zur alten Schicht der Logienquelle. Und in der Tat enthält die Logienüberlieferung, zumindest in ihrer ältesten Schicht, vornehmlich halachisches Gut.[112]

Die Tradition des Schülerkreises scheint sich mehr — freilich nicht ausschließlich — im haggadischen Rahmen bewegt zu haben. Das Zurücktreten der Verwandtschaft zugunsten der Schülerschaft wird im Traditionsprozeß sichtbar im Vordringen der haggadischen Überlieferung und im Zurückdrängen der halachischen Tradition. Das besagt: die halachische Tradition ist in den haggadischen Rahmen übernommen worden — wie an der Behandlung der Logienüberlieferung durch die beiden synoptischen Großevangelien deutlich zu sehen ist. Damit ist auch einsichtig, daß die Logienquelle nicht als eigenständiges Werk weiterlebte, sondern nur in der haggadischen Fassung greifbar ist. In einem wird auch die Stellung des Paulus in diesem Zusammenhang deutlicher erkennbar: Paulus gehört nicht zum Schülerkreis und von einigen Spuren abgesehen, ist ihm die haggadische Überlieferung fremd. Auch die halachische zitiert er selten — denn zur Verwandtschaft gehört er ja auch nicht. Dennoch ist seine Verkündigung, auch und gerade in ihrer indikativischen Form, paränetisch — d. h. im jüdischen Rahmen: halachisch — geprägt. Sie ist es in der für das hellenistische Judentum der Diaspora typischen Weise: die Halacha stellt sich im Gewande philosophischer Diatribe vor. So etwas konnte die haggadisch orientierte Schülerschaft noch ertragen. Für die halachisch ausgerichtete Verwandtschaft indes stellte die Verkündigung des Paulus ein Konkurrenzunternehmen dar, das sie dazuhin noch im eigenen jüdischen Lager desavouierte. Die Bemühungen des Jakobus und seiner Leute, das paulinische

Christentum ad usum Judaicum zu domestizieren, sind von daher zu verstehen und sinnvoll.

Dieser Blick auf Paulus scheint die voranstehenden Überlegungen hinsichtlich der Bedeutung des verwandtschaftlichen Elements im Prozeß der Jesustradition zu rechtfertigen. Für die Frage nach dem historischen Jesus heißt das aber dann, daß mit dem Zurückdrängen ursprünglicher Jesushalacha gerechnet werden muß. Was von ihr jetzt noch — im haggadischen Rahmen — erkennbar ist, gibt also nur einen Teilaspekt der Halacha Jesu wieder, und zwar den, der in den haggadischen Rahmen paßte, der im Schülerkreis möglich war.

c) Charakteristika der Sammlung der Jesustradition

Die Sammlung von Tradition ist naturgemäß vom Bewahrenwollen des Überlieferungsgutes geprägt. Dieser zunächst jedem einleuchtende Tatbestand ist indes bei näherem Zusehen vielschichtig und darum auch vieldeutig. Man muß ja fragen, was denn der eigentliche Beweggrund für die Sammlung sei, und die Beantwortung gerade dieser grundlegenden Frage ist von eminenter Bedeutung, wenn nicht von vorneherein die Weichen falsch gestellt werden sollen. Nachdem deutlich geworden ist, daß die älteste Schicht der Jesusüberlieferung halachische Struktur aufweist und von Wanderpredigern verkündet wurde, dürfte zunächst einmal äußerst unwahrscheinlich sein, daß diese Halacha lediglich gesammelt wurde, um sie davor zu bewahren, vergessen zu werden. Das Interesse ist zweifellos tiefer bedingt. Halacha ermöglicht einen Weg des Lebens, der gegangen werden will. Man kann ihn indes nur gehen, wenn man sich auf den Weg macht, und es ist gerade die Halacha, die solchen Aufbruch ermöglicht und das Gehen dieses ihres Weges begleitet. Es sind also Bedürfnisse einer Lebensgestaltung und eines Lebensvollzuges, die zum Bewahren dieser Tradition führen. Gerade ihre halachische Struktur macht deutlich, daß es sich nicht um ein Interesse am Leben Jesu handelt, sondern um ein Interesse am eigenen Leben, das auf dem Weg Jesu gelebt werden will. Es ist also ein existentielles Interesse, kein biographisches.

Damit ist ein Komplex angesprochen, den es näher zu entfalten gilt. Einmal ist davon auszugehen, daß historisch echte Jesusworte in ihrer ursprünglichen Gestalt weitergegeben worden sind — auf die Problematik der Übersetzung ins Griechische wurde schon hingewiesen. Es kann aber kaum wirklich zweifelhaft sein, daß — einmal auf den Weg Jesu gebracht — die neu auftauchenden Fragen nach der Gestaltung des Lebens nun im Geiste Jesu und damit mit seinen Worten beantwortet werden. Es ist also darüber hinaus davon auszugehen, daß neben den ursprünglichen, historisch echten Jesusworten solche stehen, die im Geiste Jesu gesprochen sind, ohne selbst historische Jesusworte zu sein. Die Menschen, die in seinem Geiste lebten und darum aus seinem Geiste sprachen, hatten keinen Anlaß, zwischen beiden Gruppen von Worten zu unterscheiden. Es waren für sie ohne Unterschied Worte Jesu. Damit ist es für den Historiker nahezu unmöglich, bei halachischen Jesusworten mit letzter Sicherheit zu unterscheiden zwischen historisch echten und im Geiste Jesu gesprochenen. Das kann annähernd da geschehen, wo in den Worten Situationen erkennbar werden, die so für die Zeit Jesu nicht vorausgesetzt werden können (vgl. Missionssituation). Es ist also lediglich von außen her eine Differenzierung möglich. Doch bleibt die Tatsache in Geltung, daß die älteste Traditionsschicht keine Notwendigkeit zu einer solchen Unterscheidung sah.

Aus diesem Sachverhalt wird weiter deutlich, daß es schwer zu beurteilen ist, welche Veränderungen die Jesushalacha durch ihre Weitergabe erfahren hat. Doch wird man mit einer verhältnismäßig beachtlichen Nähe zur Verkündigung Jesu rechnen dürfen.

Nun ist allerdings nicht zu verkennen, daß die Entwicklung auch innerhalb der Logientradition ein haggadisches Gefälle bekommt, insofern die Gestalt Jesu als des Gesetzeslehrers Weisheitslehrers, endzeitlichen Propheten nun Bedeutung erlangt, so daß von ihr erzählt wird. Damit ist die Frage gestellt, aus welchen Bedürfnissen heraus es zu solchem Interesse mit seinen entsprechenden Wirkungen kommt. Man kann auch hier im Grunde genommen nur von literarisch nachprüfbaren Prozessen einen Analogieschluß versuchen. Wenn z. B. erkennbar wird, daß die sogenannten Reflexionszitate des Matthäusevangeliums den Sinn haben, Jesus als den Messias zu erweisen, solcher „Weissagungsbeweis" aber nicht letztlich in einem Interesse an der Gestalt Jesu als solcher begründet ist, sondern darin, daß es der Qualifikation des Sprechers bedarf, um seine Worte — bei Mt besonders die langen Jesusreden — entsprechend zu qualifizieren, dann zeigt dies, daß das haggadische Interesse einen halachischen Grund hat. Bei Mt wäre dieser Grund darin zu erblicken, daß das Wort Jesu als messianische Tora verstanden und gelebt werden soll. Die sachliche und historische Kontinuität der Jesushalacha ist auf dieser Stufe der Traditionsbildung nicht mehr unmittelbar gegeben. Darum ist es notwendig, den Sprecher selbst so zu gestalten, daß er in die veränderte historische Situation hineinspricht. Man muß also Jesus als den Gesetzeslehrer, als den Weisheitslehrer, als den endzeitlichen Propheten mitverkündigen, damit seine Worte als verbindlich für den neuen Hörerkreis legitimiert sind. Man wird auf Grund dieser Beobachtung keine Werturteile fällen (als solche sind sie mißverständlich) wie etwa: das ursprüngliche Vermögen geht zurück. Man wird dem Sachverhalt weit eher gerecht, wenn man die historische Notwendigkeit dieses Prozesses erkennt und anerkennt.

Es ist also von F. Hahn (Rückfrage S. 23) zu Recht betont, daß dieser Doppelaspekt der Sammlung beachtet wird: das Festhaltenwollen und tatsächliche Festhalten der überkommenen Jesustradition und zugleich die Modifikation dieses Überlieferungsgutes. Die hier zutage tretende Spannung ist letztlich getragen von der bereits angesprochenen Verbindlichkeit der Jesusüberlieferung, die nur auf diese Weise durchgehalten werden kann. So begegnet das auf den ersten Blick paradox erscheinende Phänomen, daß um des Durchhaltens der Verbindlichkeit der Tradition willen eben diese Tradition modifiziert werden muß, so daß Sammlung ein Bewahren im Verändern bedeutet. Näherhin sind diese Änderungen, wie beispielhaft an Mt kurz aufgezeigt wurde, sowohl als Neuinterpretationen zu begreifen wie auch — wie am Beispiel der Logienquelle gezeigt werden konnte — als Neubildungen. Diese auch als „Gemeindebildungen" bezeichneten Traditionsstücke sind von authentischem Jesusgut von vorneherein nicht zu unterscheiden. Den Grund hierfür sieht F. Mußner [113] zutreffend im „kerygmatischen Transformationsprozeß", wie er den Übergang von der vorösterlichen zur nachösterlichen Tradition bezeichnet. Daß dieser Übergang sich nicht schlagartig, sondern über einen — wenn auch nicht allzu ausgedehnten — Zeitraum hin vollzog, wird mit Recht angenommen, und es lassen sich hierfür traditionsgeschichtliche Argumente beibringen, die zumindest nicht überspielt werden dürfen: etwa die Entwicklung der Jesushalacha in der Logienüberlieferung (Q), wie S. Schulz sie dargestellt hat. Es ist indes fraglich, ob die sogenannte Ostererfahrung als solche den ganzen Überlieferungsprozeß überhaupt erst initiiert hat. Die Parallelerscheinungen zur jüdischen Traditionsentwicklung sind denn doch zu deutlich zu erkennen (vgl. Abschnitt: Sammlung und Überlieferung im zeitgenössischen Judentum). Andererseits ist unbestreitbar, daß die Ostererfahrung in der Traditionsentwicklung dominierend wurde und den breitesten Einfluß auf ihre Entfaltung genommen hat. (Von der Bedeutung des Osterereignisses als solchem und was historisch dazu zu sagen ist, wird noch die Rede sein.) Fest steht jedenfalls, „daß die Jesusüberlieferung, soweit sie uns erhalten geblieben ist, nicht nur in ihrem Bestand, nicht nur in ihrer Gestalt, sondern auch in ihrer Deutung den Bedingungen der nachösterlichen Verkündigung der Urgemeinde unterliegt" [114]. Auf diesem Hintergrund stellt sich das Echtheitsproblem.

d) Die Frage nach Echtheitskriterien der Jesusüberlieferung

Die Traditionsgeschichte der Jesusüberlieferung läßt auf Grund der dargelegten Strukturen eigentlich nur eine einzige Ausgangsposition hinsichtlich der historischen Echtheit des Überlieferten zu: die historische Glaubwürdigkeit der synoptischen Tradition ist auf der ganzen Linie zweifelhaft geworden.[115] Diese Situation, die E. Käsemann[116] treffend als „Verlegenheit der kritischen Forschung" charakterisiert hat, ist darüber hinaus noch dadurch gekennzeichnet, daß es keinerlei formale Kriterien zur Herausstellung des authentischen Jesusgutes gibt, wenn man einmal vom Gleichnisstoff absieht.

Die Formgeschichte hat verschiedene Kriterien an die Hand gegeben, mit deren Hilfe es möglich ist, verschiedene Traditionen innerhalb der Evangelien voneinander abzugrenzen: insbesondere hellenistische Tradition von nicht hellenistisch-judenchristlicher zu unterscheiden, was weitgehend in der Forschung effizient geworden ist.[117] Darüber hinaus wären die verschiedenen Formen zu nennen — wie Weisheitswort, Prophetenspruch, Gemeindeordnungen u. a. — deren formale Besonderheiten den jeweils spezifischen „Sitz im Leben" der Urchristenheit erkennen lassen. Gerade die zuletzt genannte Einsicht ermöglicht, Traditionsstoff als authentisch auszuschließen, wenn er durch seinen Sitz im Leben nicht als jesuanisch in Betracht kommen kann. Diese negative Selektion ist die einzige Hilfe, die die Formgeschichte bei der Frage nach authentischem Jesusgut der kritischen Forschung zu leisten vermag. Das scheint auf den ersten Blick wenig, ist aber sowohl quantitativ als auch hinsichtlich des Gewißheitsgrades der auf diese Weise gewonnenen Erkenntnis nicht zu unterschätzen. Jedenfalls muß mit aller Deutlichkeit unterstrichen werden, daß die formgeschichtliche Methode als solche außerstande ist, authentisches Jesusgut von nicht authentischem abzuheben. Diese Aufgabe muß also auf eigene Weise gelöst werden. Diese Methode auszubilden, setzt aber voraus, daß formale Kriterien genannt werden können, die authentisches Jesusgut herauszustellen ermöglichen.

Solche Kriterien gibt es anerkanntermaßen zunächst nicht, und die neutestamentliche Wissenschaft ist derzeit damit beschäftigt, sie zu suchen. Der Weg muß notwendigerweise zwischen extremen Haltungen hindurchfinden: hie Methodenoptimismus — wie er etwa durch J. Jeremias vertreten wird; da fast auswegloser Skeptizismus, der an sich der Quellenlage eher angemessen ist, nur dann für die Forschung gefährlich wird, wenn er sich bis zu einem Grade steigert, da jede kritische Arbeit durch fast ausweglose Aporien gelähmt wird. Nun sind die Aporien — wie E. Käsemann sie skizziert hat [118] — tatsächlich dazu angetan, eine Fülle von Vorfragen vor die eigentlich gestellte Aufgabe der Suche nach den Kriterien zu häufen, was gelegentlich wie ein kaum übersteigbarer Berg erscheint: „Seit wann konkurrieren die Hellenisten und Palästiner von Apg. 6 miteinander, welche Rolle hat Petrus wirklich gespielt, wie ist es zu seiner Ablösung durch Jakobus gekommen, was besagen all diese Dinge für den Gang der urchristlichen Missionsgeschichte? Solange diese Probleme nicht halbwegs entschieden sind, besteht wenig Aussicht, zu einer größeren Verständigung bei der Aufgliederung und Zuordnung des synoptischen Stoffes in seinen ältesten Teilen zu gelangen ...“ [119]

Der Weg, um aus diesem Dilemma herauszukommen, führt also unabdingbar im Kreise herum. Um Kriterien für die Echtheit der Jesusüberlieferung finden zu können, sind Antworten auf die genannten Vorfragen unerläßlich, die aber selbst wieder ohne solche Kriterien nicht gefunden werden können. Es gilt also, an einem möglichen Punkt in die Kreisbewegung einzutreten und von da aus weiterzufragen. Diesen Punkt hat E. Käsemann markiert: „Einigermaßen sicheren Boden haben wir nur in einem einzigen Fall unter den Füßen, wenn nämlich Tradition aus irgendwelchen Gründen weder aus dem Judentum abgeleitet noch der Urchristenheit zugeschrieben werden kann, speziell dann, wenn die Judenchristenheit ihr überkommenes Gut als zu kühn gemildert oder umgebogen hat.“ [120] Dieses viel zitierte „Unähnlichkeitsprinzip“ ist oft fehlinterpretiert und wohl deswegen attackiert worden. Soweit ich sehe aber lediglich aus dem Grunde, weil manche Kritiker die Einschränkung, die E. Käsemann selbst an Ort und Stelle gemacht hat, nicht zur Kenntnis genommen haben. Sie lautet: „Allerdings müssen wir uns dabei von vornherein dessen bewußt sein, daß man von hier aus keine Klarheit über das erhält, was Jesus mit seiner palästinischen Umwelt und seiner späteren Gemeinde verbunden hat.“ [121] Wenn dies außer acht bleibt, sind die Folgen verheerend. Was aus der breiten Überlieferung mit Hilfe dieses Kriteriums als authentisch herausdestilliert werden kann, ist zweifellos ein schmaler Streifen der historischen Wirklichkeit Jesu — aber eben nicht eingebunden in das zeitgenössische Kolorit, das wesentlich zur Gestalt Jesu gehört. Es erscheint ein völlig unjüdischer Jesus und ein im selben Maße unchristlicher. Legt man ein solches Jesusbild als kritischen Maßstab an das antike Judentum, so bleibt davon ebensowenig wie von der Urchristenheit, wenn man vergleichbar verfährt. Solche Unternehmen sind gestartet worden. Sie vermitteln notwendigerweise ein unhistorisches Jesusbild und sind in ihren Konsequenzen vom historischen Sachverhalt her nur zum Teil getragen. Was das Käsemannsche Unähnlichkeitsprinzip für den Einstieg in die Frage nach den Kriterien so geeignet erscheinen läßt, ist die Offenheit für die verschiedenen Stränge der Überlieferung. Es läßt sich auf den Redestoff in derselben Weise anwenden, wie auf den Erzählstoff.

Es ist mit Recht darauf hingewiesen worden (H. Braun; R. Bultmann), daß beim Redestoff einzusetzen, der historischen Tatsache, daß Jesus als Lehrer in Israel aufgetreten ist, am ehesten gerecht wird. Hier nun zu fragen, was an den Jesusworten mit Hilfe des genannten Kriteriums gegen das zeitgenössische Judentum wie gegen die älteste Judenchristenheit abgegrenzt werden kann, dürfte demnach einen ersten Schritt weiterführen. Diese Frage ist sowohl formal wie auch material zu stellen. Formal sowohl hinsichtlich der Terminologie, die verwendet wird, als auch der Verwendung sprachlicher Figuren. Damit Hand in Hand geht die Frage nach der inhaltlichen Unterscheidung, die sich gerade in der formalen Neubildung bzw. Neuinterpretation von Vorgegebenem äußert. Was die Terminologie anlangt, so hat J. Jeremias im Aufgreifen der Untersuchungen Dalmans in der Literatur des antiken Judentums Formulierungen namhaft gemacht, die für Jesus als typisch gelten können. Es handelt sich dabei um singuläre Wortverbindungen wie auch um Aufnahme von Wendungen, die, in einen neuen Kontext gestellt, typische Inhalte zum Ausdruck bringen.

Als Beispiele seien Wortverbindungen genannt, die in der jesuanischen Verkündigung der Königsherrschaft Gottes ihren Platz haben: „nahe herbeigekommen ist die Königsherrschaft Gottes" — ἤγγικεν ἡ βασιλεία τοῦ θεοῦ (Mk 1, 15 par; Mt 10, 7 par; Lk 10, 11 vgl. ἐγγύς ἐστιν); „in die Königsherrschaft Gottes hineinkommen" — εἰσέρχεσθαι εἰς τὴν βασιλείαν τοῦ θεοῦ (Mk 9, 47; 10, 15 par; 10, 23 par; 10, 24f. par; Mt 5, 20; 7, 21; 18, 3; 23, 13; Joh 3, 5).[122] Doch wird man nicht in jedem Falle einfachhin auf authentische Jesusüberlieferung erkennen können; dies wird schon daran deutlich, daß die Tradition, nicht zuletzt die Redaktion solche Wortverbindungen verwendet, wie es etwa Mk 1, 15 deutlich der Fall ist und auch bei den „Vater"-Aussagen vermutet werden muß.[123]

S. Schulz hat auf Grund seiner Untersuchungen zur Logienquelle festgestellt: „Der irdische Jesus wie die seine Botschaft aufnehmende, wiederholende und vor allem neubildende konservative apokalyptische Urchristenheit gehören in den übergreifenden spätjüdischen Kult- und Religionsverband und in den ungebrochenen Zusammenhang der alttestamentlich-spätjüdischen Traditions- und Heilsgeschichte Israels. Der Gott Jesu wie der streng judenchristlichen Gemeinden nach Ostern ist der Gott des Alten Testamentes ... Daß es schließlich so ungemein schwierig ist, die Botschaft des historischen Jesus von derjenigen der konservativ-apokalyptischen Gemeinden nach Ostern zu unterscheiden, hängt gar nicht in erster Linie mit den keineswegs zu leugnenden Grenzen der historisch-kritischen Methode, sondern einfach damit zusammen, daß die Botschaft des irdischen Jesus in der Sache letztlich deckungsgleich mit derjenigen der konservativen apokalyptischen Urchristenheit war, weil eben zwischen Jesus und den nachösterlichen Leben-Jesu-Stoffen geschichtliche Kontinuität und sachliche Identität besteht — trotz aller zugestandenen Unterschiede im einzelnen!" [124] Es wäre dann in der ältesten Schicht der Q-Überlieferung authentische Jesuslehre enthalten, wenn das auch wieder im Einzelfall nicht immer bewiesen werden kann.

II. JESUS VON NAZARETH

1. Die Quellen

Die Übersicht über den Weg der Forschung hat bereits deutlich gemacht, daß die historische Frage von den neutestamentlichen Schriften her beantwortbar ist, aber nur in einem bestimmten Rahmen und unter Berücksichtigung bestimmter Kriterien. Dennoch bleibt es wichtig, festzuhalten, daß eine solche Antwort möglich ist. Es wäre unangemessen, wollte man aus der zutreffenden Erkenntnis, daß die Evangelien Glaubenszeugnisse sind und sein wollen, den Schluß ziehen, sie dürften nicht als historische Quellen benutzt werden. Man muß sich lediglich vor Augen halten, daß die historische Frage von den so gearteten Schriften her nicht in jedem Falle beantwortbar ist. Die Vermutung, daß außerchristliche Quellen in dieser Problematik weiterführen könnten, ist berechtigt, doch bewahrheitet sie sich nicht. Die wenigen außerchristlichen antiken Zeugnisse erweitern unser Wissen über Jesus nicht. Die wichtigsten Texte seien nachstehend genannt:

(1) Bei seinem Bericht über den Brand Roms unter Nero erwähnt Tacitus in Ann XV 44 auch Neros Vorgehen gegen die römischen Christen und fügt hinzu: „Auctor nominis eius (sc. des Christentums) Christus Tiberio imperitante per procuratorem Pontium Pilatum supplicio affectus erat" („Dieser Name stammt von Christus, der unter Tiberius vom Prokurator Pontius Pilatus hingerichtet worden war").[1] Tacitus hält „Christus" offensichtlich für einen Eigennamen, der eigentliche Name scheint ihm unbekannt zu sein. Daß das Christentum — von ihm als „verderblicher Aberglaube" bezeichnet — unter Nero in Rom verbreitet war und seinen Ursprung in Judäa hat, ist ihm bekannt.

(2) Gerne zitiert man in diesem Zusammenhang Sueton, Claudius 25: „(Claudius) Judaeos impulsore Chresto assidue tumultuantes Roma expulit" („die Juden vertrieb er [Claudius] aus Rom, weil sie, von Chrestus aufgehetzt, fortwährend Unruhe stifteten").[2] Der Name Chrestus ist nicht ungewöhnlich, auch ist es möglich, daß die Unruhen, auf die Claudius mit der Vertreibung der Juden aus Rom reagiert, durch jüdisch-christliche Auseinandersetzungen verursacht waren. Wenn Sueton dies tatsächlich im Auge hat, was nicht sicher ist, muß man annehmen, daß Sueton davon ausgeht, dieser Chrestus habe sich zur Zeit des Claudius selbst in Rom aufgehalten. Für unser Wissen über Jesus bringt die Stelle nichts ein.

(3) Aus Josephus Flavius Ant XX 20 geht hervor, daß Josephus als Jude weiß, daß Christus kein Eigenname, sondern Titel ist. Josephus berichtet, daß der Hohepriester Ananos (= Hannas II) im Jahre 62 Jakobus, „den Bruder Jesu, des sogenannten Christus", hinrichten ließ. Ein weiterer Text, Ant XVIII 69 f., das sogenannte testimonium Flavianum, gilt seit langem als christliche Interpolation. Es enthält ein Bekenntnis zu Jesus aus dem Geist christlichen Glaubens, wie er einem nichtchristlichen Juden nicht eignet. Es ist strittig, ob an dieser Stelle eine Notiz des Josephus über Jesus christlich erweitert, oder ob es sich um einen christlichen Einschub im ganzen handelt. Doch trägt die Klärung dieser Frage zur Vertiefung des Wissens über Jesus nichts bei.

(4) In rabbinischen Texten über Jesus finden sich Hinweise auf die Gesetzeskritik Jesu und seine Wundertätigkeit. Die Hinweise tragen polemischen Charakter. Auffallend ist die Thematik des Vaters Jesu: an einigen Stellen wird er Jeschu ben Pantera genannt, weil er ein Sohn des Soldaten Pantera gewesen sei. Ursprünglich ist darin noch keine Diskriminierung beabsichtigt, die sich erst nachträglich einstellt. Historisch gesehen sind diese Notizen wertlos.[3]

Es bleiben also für die historische Arbeit der Rekonstruktion von Leben und Lehre Jesu christliche Quellen, von deren Eigenart schon die Rede war. Näherhin kommen als Quellen für

Leben und Lehre Jesu fast ausschließlich die synoptischen Evangelien in Betracht. Darüber hinaus werden innerhalb des Neuen Testamentes und noch in nachneutestamentlicher Literatur weitere Jesusworte überliefert: Lk 6, 5 nur in der Handschrift D (Codex Bezae Cantabrigiensis, 5./6. Jahrh.); Apg 20, 35; 1 Thess 4, 15; 1 Kor 7, 10. Der Text Joh 7, 53—8, 11 gilt mit Recht zumindest für das 4. Evangelium als sekundär, obwohl er von vielen Handschriften überliefert wird. Weitere Jesusworte, die nicht im Neuen Testament begegnen — sogenannte Agrapha — hat J. Jeremias, Unbekannte Jesusworte, Gütersloh [4]1965, gesammelt und ausgelegt.

2. *Herkunft*

Die christliche Zeitrechnung wurde im 6. Jahrhundert durch den römischen Mönch Dionysius Exiguus aufgestellt. Er setzte als Geburtsjahr Jesu das Jahr 754 ab urbe condita fest und zählte dieses Jahr als Jahr 1 post Christum natum. Es ist durchaus möglich, daß Dionysius sich verrechnet hat.

a) Geburtsjahr

Die Notiz in Lk 2, 1, wonach Jesus während der Regierung des Octavianus Augustus geboren wurde, gibt den historischen Sachverhalt wieder. Schwierigkeiten bereitet die Datierung des Lk 2, 1 f. genannten Zensus. Ein allgemeiner Zensus wurde nach Josephus Ant XVIII 1 f. nach der Absetzung des Archelaus im Jahre 6 post Chr. durchgeführt. Er beschränkte sich aber auf Judäa, erfaßte also Galiläa und damit Nazareth nicht.

Mt 2 und Lk 1, 5 datieren die Geburt Jesu in die Regierungszeit Herodes d. Großen. Herodes starb im Jahre 750 ab urbe condita = 4 ante Chr. Nach Mt 2, 16 ließ Herodes in Bethlehem und Umgebung alle Kinder bis zum Alter von zwei Jahren umbringen. Danach müßte Jesus spätestens zwischen 6 und 4 ante Chr. geboren sein. Es ist jedoch zu beachten, daß Herodes nur in den legendären Geburtsgeschichten genannt wird. Damit ist die historische Grundlage dieser Notizen nicht von vorneherein unmöglich, sie kann aber auch nicht als erwiesen gelten. Völlig unmöglich ist eine Datierung nach dem Stern der Magier Mt 2, 2.9 f. Es ist astronomisch erwiesen, daß es im Jahre 7/6 ante Chr. eine besondere Sternkonstellation gab. Mt 2 ist jedoch von einem Wunderstern die Rede, der zunächst durch sein Erscheinen die Geburt anzeigt und hernach als Wanderstern Wegführer zum Aufenthaltsort des Jesuskindes ist. Ein astronomisches Phänomen ist damit nicht beschrieben. Nach Lk 3, 23 war Jesus zu Beginn seines öffentlichen Wirkens „etwa 30 Jahre alt". Sieht man diese Notiz im Zusammenhang mit Lk 3, 1, wonach Johannes der Täufer im 15. Jahre des Tiberius, also etwa 28 post Chr., aufgetreten sei, dann käme als Geburtsjahr Jesu eines der letzten Jahre ante Christum natum in Frage. Das genaue Geburtsjahr können wir bislang nicht nennen.

b) Geburtsort

Noch schwieriger stellt sich die Frage nach dem Geburtsort Jesu. Die Kindheitsgeschichten des Matthäus- und Lukasevangeliums nennen Bethlehem als den Geburtsort Jesu (Mt 2, 1; Lk 2, 4) und Nazareth als die Stadt des Wohnsitzes der Eltern Jesu. Doch gehen die Darstellungen hier schon auseinander! Nach der Darstellung des Mt kann man den Eindruck haben, als sei Joseph in Bethlehem, zumindest in Judäa ansässig. Die Wahl Nazareths als Wohnort wird begründet mit der Furcht des Joseph vor Archelaus (Mt 2, 22), der nach dem Tode des Herodes die Herrschaft über Judäa angetreten hatte. Es liegt also nach der Vorstellung des Mt nahe, daß Joseph sich mit dem Kind und seiner Mutter in Judäa niederlassen will. Das stützt den genannten Eindruck, daß Joseph dort ansässig ist. Nach Lk 1, 26 f. sind Maria und Joseph in Nazareth in Galiläa ansässig. Und es bedarf des Zensus unter Kyrenios, um die Reise des Davididen Joseph und seiner schwangeren Frau nach Bethlehem zu begründen. Von Magierbesuch, Kindermord und ägyptischem Aufenthalt weiß Lukas offenbar nichts. Die Rückkehr nach Nazareth ist ausdrücklich als Rückkehr an ihren Wohnsitz gekennzeichnet (Lk 2, 39). Von hier aus erfolgt auch der Aufbruch zur Festreise nach Jerusalem (Lk 2, 41) und der Zwölfjährige kehrt mit seinen Eltern wieder von Jerusalem nach Nazareth zurück (Lk 2, 51). Sieht man diese Beobachtung auf dem Hintergrund der verhältnismäßig breiten Überlieferung, daß Jesus als „Nazarener" bezeichnet wird (Ναζαρηνός: Mk 1, 24; 10, 47; 14, 67; 16, 6), oder als Nazoräer" (Ναζωραῖος: Mt 2, 23; 26, 71; Lk 18, 37; Joh 18, 5.7; 19, 19), was Mt 2, 23 ausdrücklich mit Nazareth in Verbindung gebracht wird, so legt sich der Gedanke nahe, daß Jesus nicht nur in Nazareth aufgewachsen ist, sondern aus dieser Stadt stammt, weshalb sie mit Recht als seine Vaterstadt (πατρίς) bezeichnet wird (vgl. Mk 6, 1 parr). Für die Bethlehemtradition käme dann die messianische Davidssohntheologie als tragender Grund in Betracht, die als solche in der Evangelientradition nicht ohne Widerspruch ist. Das zeigt ein Blick auf Mk 12, 35—37 parr, wie auch die Notiz Joh 7, 41 f., die die galiläische Herkunft Jesu gegen seine Messianität ins Feld führt mit dem Hinweis auf die Bethlehemtradition, derzufolge Jesus aus Bethlehem stammen müßte, wovon die Bestreiter der Messianität Jesus an dieser Stelle offenbar nichts wissen. Ein traditionsgeschichtlicher Vergleich ergibt unschwer, daß die Bethlehemtradition stärker theologisch befrachtet ist als die Nazarethtradition, bei der man außer Mt 2, 23, das dunkel bleibt, keine theologischen Implikationen findet. Das kann für die Nazarethüberlieferung und die dargelegten Schlußfolgerungen in Anspruch genommen werden. Klar entscheiden läßt sich die Frage schwerlich.

c) Abstammung und Familie

Nur die beiden synoptischen Großevangelien Mt und Lk bieten in ihren beiden ersten Kapiteln Geburts- und Kindheitsgeschichten Jesu. Diese gemeinsame Bezeichnung ist insofern berechtigt, als sich einige Übereinstimmungen feststellen lassen: beide Evangelien sprechen von der Jungfräulichkeit der Mutter Jesu, Maria; beide nennen Joseph als den Mann bzw. Verlobten Marias; beide nennen als Geburtsort Bethlehem und datieren die Geburt Jesu in die Regierungszeit des Herodes. Innerhalb der Kindheitsgeschichte bringt nur Mt einen Stammbaum Jesu; Lk bringt einen solchen erst 3, 23—28 im Anschluß an die Notiz, Jesus sei ungefähr 30 Jahre alt gewesen und habe als Sohn Josephs gegolten. Im übrigen sind die beiden Kindheitsgeschichten verschieden konzipiert.

Die Vorgeschichte des Mt

Das Buch des Mt beginnt mit dem Stammbaum Jesu (1, 1 bis 16): die Ahnenreihe Jesu beginnt mit Abraham und läuft über David zu Joseph. Wie die Überschrift 1, 1 herausstellt, soll Jesus als Nachkomme Abrahams und Davids dargestellt werden. Dem widerspricht die Verknüpfung der Genealogie mit dem Motiv der jungfräulichen Geburt Jesu, die im letzten Glied der Geschlechterfolge von Joseph nicht sagt: „er zeugte Jesus", sondern: „Joseph, der Mann Marias, von der Jesus geboren wurde, der Christus genannt wird" (1, 16). Es wird mit einigem Recht vermutet, daß der Stammbaum ursprünglich von der Vaterschaft Josephs sprach; doch muß die Kombination mit der Aussage der jungfräulichen Geburt sehr früh angesetzt werden, da auch die Geburtsankündigung Jesu in Lk 1, 26—38 sie enthält und offenbar bei den ursprünglichen Lesern voraussetzen kann. Mt 1, 17 gibt einen Schlüssel zur Interpretation der Genealogie: die dreimal vierzehn Generationen von Abraham bis zur Geburt des Christus zeigen im apokalyptischen Zeitmaß der dreifachen Doppelwoche den Messias als das Ziel der Geschichte Israels wie der Schöpfung.

Mt 1, 18—25 handelt von der Geburt Jesu. Der Text gibt eine ursprünglich selbständige Überlieferung wieder, die den Stammbaum nicht voraussetzt. Obwohl legendarisch gehalten, ist es keine ausgeführte Erzählung: die wunderbare Geburt wird zwar angekündigt, aber nicht erzählt. Im Mittelpunkt steht die Deutung des Namens Jesus als des Retters. Ein apologetisches Interesse hinsichtlich der jungfräulichen Geburt Jesu ist unverkennbar.

Auch die Geschichte von den Magiern Mt 2, 1—12 war ursprünglich selbständig. Sie setzt die voranstehende Geburtsgeschichte nicht voraus. Das Motiv der Erkennung des Kindes, hier in Analogie zu antiken Stern- und Lichterscheinungen bei der Geburt später bedeutender Menschen durch einen Wunder- und Wanderstern dargestellt [4], steht in einem gewissen Kontrast zur Geburtsgeschichte. Dem Evangelisten wird nicht unwichtig sein, daß in den Magiern Heiden die Offenbarung des anbetungswürdigen Königskindes zuteil wird. Die Huldigung vor dem Kind ist das Ziel der Erzählung.

Die jetzt mit der Magiergeschichte verflochtene Erzählung vom bethlehemitischen Kindermord (2, 13—23) ist ebenfalls ursprünglich selbständige Überlieferung. Das Motiv von der Gefährdung und Rettung des Kindes, aus biblischer (vgl. 2 Mos 1, 15—2, 10) wie außerbiblisch-jüdischer Mosetradition (vgl. Josephus Ant II 9) übernommen, prägt die midraschartige Erzählung. Ein weiteres Interesse wird die Verbindung der Aufenthaltsorte des Jesuskindes sein: Bethlehem — Ägypten — Nazareth, wobei Ägypten die Doppelrolle des Zufluchtsortes der Patriarchen wie des Ortes des Aufbruchs Israels zum Einzug in das verheißene Land zukommt. Das Niederlassen in Nazareth schafft geographisch die Basis für das Anheben des Hauptwerkes in Mt 3, wo der Evangelist die historische Notiz bringen will, daß Jesus „von Galiläa an den Jordan zu Johannes“ kommt (Mt 3, 13).

Die Vorgeschichte des Lk

Das Kindheitsevangelium des Lk (Lk 1, 5—2, 52) ordnet die Ereignisse der Geburt Johannes des Täufers und Jesu einander zu. Den Anfang bilden zwei Verkündigungsgeschichten, die wie die Geburtsgeschichten und die Geschichte vom Zwölfjährigen im Tempel legendarischen Formcharakter aufweisen: 1, 5—25 die Geburtsankündigung Johannes des Täufers an Zacharias während seines Priesterdienstes im Tempel mit einer kurzen Notiz von der Empfängnis Elisabeths; 1, 26—38 die Geburtsankündigung Jesu an Maria in Nazareth. Diesem Paar der Verkündigungsgeschichten entspricht das Paar der Geburtsgeschichten: 1, 57—80 die Geburt Johannes des Täufers mit Beschneidung, Namengebung des dem Zacharias durch den Engel geoffenbarten Namens und abschließendem Canticum des Zacharias; 2, 1—21 die Geburtsgeschichte Jesu mit dem Canticum der Engel und abschließender Notiz von der Beschneidung mit Namengebung des gleichfalls vorausgenannten Namens — im Unterschied zu Mt erfolgt die Namensoffenbarung an Maria. Die genannten Entsprechungen lassen die kompositorische Kraft des Evangelisten erkennen, die Abweichungen und Eigenheiten die ursprüngliche Selbständigkeit der Geschichten. Das gilt einmal für die Johannesgeschichten im Vergleich mit den zugeordneten Jesusgeschichten: sie sind für sich genommen in sich verständlich; die Geburtsankündigung des Johannes ist nicht Voraussetzung zum Verständnis der Geburtsankündigung Jesu. Sodann gilt es auch innerhalb der Jesusgeschichten: die Geburtsgeschichte Jesu konkurriert mit der Geburtsankündigungsgeschichte Jesu, insofern das Motiv der Erkennung des Kindes — erzählt im Offenbarungswort des Engels an die Hirten und der Verkündigung der Hirten, die das Staunen der Hörer hervorruft — eigentlich nach der Geburtsankündigung an Maria überfällig ist. Es handelt sich wohl um zwei ursprünglich selbständige Erzählungen.

Die beiden Erzählungspaare sind miteinander verknüpft durch die Erzählung von der Begegnung der beiden schwangeren Frauen Maria und Elisabeth (1, 39—56), in der Maria als Gestalt des Glaubens und das Jesuskind schon vor seiner Geburt von Elisabeth als ihr „Herr“ angesprochen werden. Mit den Geburtsgeschichten hat die Erzählung ein Canticum gemein, das Magnificat, das nach begründeter Vermutung ein gottesdienstliches Lied aus der Täufergemeinde sein könnte.

Der Evangelist hat diesem kunstvoll zusammengestellten Legendenkorpus um die wunderbare Geburt von Johannes und

Jesus in 2, 22—39 die Darstellung Jesu im Tempel zu Jerusalem angefügt, deren Ziel wiederum in dem Motiv der Erkennung des Kindes durch Symeon und die Prophetin Hanna zu erblicken ist. Das Canticum des Symeon spricht dies deutlich aus. Die Selbstoffenbarung des Zwölfjährigen im Tempel (2, 41—52) — eine der wenigen ausgeführten Personallegenden der kanonischen Evangelien — schließt das Opusculum des Kindheitsevangeliums ab, indem das zweimal angeschlagene Motiv der Erkennung des Kindes nun in die Epiphanie des Sohnes gesteigert ist. Diese Offenbarung geschieht mittels der Kenntnis der Schrift, also auf dieselbe Weise, in der der Auferweckte sich am Ende des Hauptwerkes den wandernden Jüngern nach Emmaus offenbart (vgl. Lk 24, 25—27.32).

Aus dem literarischen Charakter der beiden Kindheitsgeschichten ergibt sich, daß historisch wenig über die Abstammung Jesu erschlossen werden kann. Die Überlieferungen und ihre Redaktion durch die Evangelisten stehen im Dienst der Verkündigung und gestalten von daher das vorgegebene Material, wie sie auch neue Aussagen schaffen. In diesem Kontext zeigt sich, daß die Aussage von der Jungfrauengeburt eine theologische Aussage ist. Sie findet sich nur in den genannten Texten. Paulus kennt diese Vorstellung nicht; Gal 4, 4 spricht von der Menschwerdung, nicht von der Geburt aus der Jungfrau. Joh 1, 45; 6, 42 ist Jesus ausdrücklich als „Sohn Josephs" bezeichnet. Dies fällt um so mehr ins Gewicht, als nach der johanneischen Theologie die Kenntnis der natürlichen Abstammung Jesu der Anerkenntnis Jesu als des von Gott gesandten Offenbarers nicht widerstreitet. Innerhalb von Lk 2 gibt es Gründe, die Thematik von der Jungfrauengeburt als sekundär anzusehen (s. o.). Dieses Theologumenon scheint in der Urchristenheit umstritten gewesen zu sein. Es gibt bedeutende Ausformungen urchristlicher Verkündigung — Paulus, Markus, Johannes —, die ohne es auskommen.

Mk 6, 3 sind die Namen der vier Brüder Jesu genannt: Jakobus, Joses, Juda, Simon sowie die Tatsache, daß er auch Schwestern hatte, von denen jedoch Zahl und Namen nicht überliefert sind (vgl. Mk 3, 31—35, wo von Jesu Mutter sowie seinen Brüdern und Schwestern die Rede ist, ohne daß Namen genannt sind). Der Evangelist versteht diese Geschwister als leibliche Geschwister Jesu. Dann wäre die Aussage der lk Geburtsgeschichte, Jesus sei der Erstgeborene seiner Mutter (Lk 2, 7), wörtlich zu nehmen, und Jakobus, der erste Bischof von Jerusalem, wohl sein ältester Bruder, wenngleich nicht mit Sicherheit feststeht, daß die Namenliste dem Lebensalter nach geordnet ist. Das Theologumenon von der Jungfrauengeburt hindert Mt nicht, Mk 6, 3 in Mt 13, 55 zu übernehmen. Mt 13, 55 läßt er die Bewohner von Nazareth fragen: „Ist das nicht der Sohn des Zimmermanns?“ Es bleibt festzuhalten, daß die Vorstellung von der Jungfrauengeburt die Redaktion des Mk durch Mt nicht so beeinflußt hat, daß Mt die Überlieferung von leiblichen Geschwistern Jesu hätte unterdrücken müssen. Dagegen relativiert Lk deutlich die Vaterschaft Josephs: Jesus wurde für einen Sohn Josephs gehalten (Lk 3, 23), entsprechend wird er die Frage von Mk 6, 3 in Lk 4, 22 verstanden haben: „Ist das nicht der Sohn Josephs?“ Dennoch kann er im Anschluß an Mk 3, 31—35 von den Brüdern Jesu — nur von ihnen! — sprechen (Lk 8, 19—21). Nach Apg 1, 14 gehören Maria, die Mutter Jesu und „seine Brüder“ zur Urgemeinde. Lk verwendet nicht den ihm schwerlich unbekannten Terminus „Brüder des Herrn“, wie Paulus 1 Kor 9, 5 formuliert. Er nennt auch Jakobus nicht als Bruder Jesu bzw. Herrenbruder wie Paulus Gal 1, 19. Die Vermutung von R. Pesch (Markusevangelium I, S. 324), Lk könne wohl den Herrenbruder als bekannt voraussetzen, hat einiges für sich, ist jedoch nicht zwingend. Daß Paulus 1 Kor 9, 5 die Brüder des Herrn als eigene Gruppe neben den übrigen Aposteln und dem eigens genannten Kephas herausstellt, läßt erkennen, daß die Herrenbrüder in der Urchristenheit offenbar besonderes Ansehen genossen. Daß solches Ansehen auch über die Urgemeinde hinaus wirkte, bezeugt im Hinblick auf die Gestalt des Herrenbruders Jakobus Josephus Ant XX, 9. Er berichtet, daß der Hohepriester Ananus „den Bruder des Jesus, der Christus genannt wird, mit Namen Jakobus, sowie noch einige andere,

... der Gesetzesübertretung anklagte und zur Steinigung führen ließ. Das aber erbitterte auch die eifrigsten Beobachter des Gesetzes ..." Es bleibt festzustellen, daß selbst die Traditionen des Neuen Testamentes, die das Theologumenon der jungfräulichen Geburt Jesu kennen, deshalb von seinen leiblichen Geschwistern nicht schweigen. Spätere theologische Reflexion bewertet diese Aussage offenbar stärker, als dies innerhalb des Neuen Testamentes geschieht (weitere Detailerörterungen und Literatur bei R. Pesch, Markusevangelium I, S. 322 bis 324).

d) Jesus und Johannes der Täufer

Als Quellen für Johannes den Täufer kommen in erster Linie die neutestamentlichen Nachrichten in Betracht. Sie sind von der Auseinandersetzung mit der Täuferverehrung der Johannesjünger bestimmt und „bestrebt, Johannes dem christlichen Messias Jesus unterzuordnen, indem sie ihn als seinen eschatologischen Vorläufer (Elias redivivus Mal 3: Synoptiker) oder als seinen ‚Zeugen' (JohEv) und seine Verkündigung und Taufe als Weissagung auf Jesus und die christliche Taufe deuten" [5]. Das Urteil P. Vielhauers, daß die Spannungen zwischen der Absicht der synoptischen Johannesdarstellungen und der dieser Absicht unterworfenen Traditionen die Echtheit dieser Traditionen vermuten lassen, ist zutreffend. Es handelt sich näherhin um Mk 1, 1—8; Mt 3, 1—12; Lk 3, 1—20. Mt und Lk haben neben Mk noch die Logienquelle als Quelle benutzt. Die bereits im Zusammenhang mit den Kindheitsgeschichten besprochenen Legenden Lk 1, 5—25.57—66 und das Canticum Zachariae Lk 1, 76—79 weisen keine christliche Tendenz auf, sie stellen vielmehr die Bedeutung des Johannes heraus. Man darf mit einigem Recht Kreise der Johannesjünger und die dort herrschende Johannesverehrung als Sitz im Leben nennen. Die in den Legenden genannten Namen der Eltern, Zacharias und Elisabeth, sowie die priesterliche Abstammung sind wohl historisch zutreffend.

Nach Lk 3, 1 tritt Johannes im 15. Jahr des Tiberius (= 28/29 bzw. 27/28) auf. Er trat „in der Wüste“ auf und taufte im Jordan (Mk 1, 4 f.), als Ort seiner Wirksamkeit kommt demnach das untere Jordantal in Frage. (Joh 1, 28 lokalisiert die Tauftätigkeit des Johannes in der Nähe von Bethanien am Ostufer des Jordan, Joh 3, 23 spricht von einer Tauftätigkeit bei Ainon, im nördlichen Samaria.[6]) Seine Gerichts- und Bußpredigt wendet sich an alle Schichten des Volkes, das er zu radikaler Umkehr angesichts des nahen Gerichtes aufruft, das „der Stärkere“ herbeiführen wird. Sie zielt auf die Preisgabe der religiösen Sicherheit aufgrund der Abrahamskindschaft und erweist sich in einem sittlichen Leben. Ausdruck der Umkehr ist die Taufe, die Johannes spendet. Sie wirkt nach Mk 1, 5 (par Lk 3, 3) die Vergebung der Sünden, ist also als eschatologisches Sakrament begriffen. Der Ritus unterscheidet sich von der Proselytentaufe dadurch, daß es sich nicht um eine Selbsttaufe handelt. Dadurch hebt er sich auch von den rituellen Waschungen der Qumranessener ab, die im übrigen levitische Reinheit vermitteln, was bei der Johannestaufe nicht erwähnt ist. Es handelt sich vielmehr um ein Tauchbad in fließendem Wasser, das durch Johannes vollzogen wird (vgl. Mk 1, 5.9; Joh 3, 23) und ihm den Beinamen „der Täufer“ eingebracht hat: Mk 6, 25 par; 8, 28 par, Josephus Ant XVIII 5, 2. Hieraus und aus dem Ausdruck „Taufe des Johannes“ (vgl. Mk 11, 30 par) geht die singuläre Bindung dieser Taufe an die Person des Johannes hervor. Man darf also von der Johannestaufe als von einer Schöpfung des Johannes sprechen. Meist geht man von der Einmaligkeit ihres Empfanges aus, die indes nirgends ausdrücklich erwähnt wird.

Daß Jesus die Johannestaufe empfangen hat, darf als historisch gelten. Dies geht daraus hervor, daß das Faktum der Taufe Jesu der Evangelientradition in zunehmendem Maße anstößig ist. Während Mk 1, 9 ohne nähere Erklärung von der Taufe Jesu durch Johannes spricht — die besondere Charakterisierung erfolgt durch die Komposition der gesamten Perikope Mk 1, 9—13 [7] —, fügt Mt 3, 14 f. ein Zwiegespräch zwischen Johannes und Jesus ein, das deutlich macht, daß hier eigentlich die Rollen vertauscht sind. Zudem bekennen nach Mt 3, 6 die Täuflinge zwar beim Taufakt ihre Sünden, aber die Sündenvergebung wird ihnen durch die Johannestaufe nicht vermittelt. Sie ist nach Mt an das Kreuz Jesu und das Sakrament des Abendmahles gebunden (vgl. Mt 26, 28). Joh 1, 29—34 läßt lediglich noch erkennen, daß der Evangelist von der Taufe Jesu durch Johannes weiß, doch erzählt er den Vorgang nicht. Angesichts dieses Sachverhalts wird man wohl die Taufüberlieferung nicht als Gemeindebildung ansprechen können. Gegenteilige Vorschläge argumentieren stärker theologisch als traditionsgeschichtlich.[8]

In allen Evangelien, auch in der Logienquelle, ist Johannes der Täufer klar auf Jesus hingeordnet. Es handelt sich hierbei um christliche Interpretation. Sicher ist, daß Jesus sich der von Johannes verkündeten Bußpredigt anschloß, die Taufe annahm und selbst zu predigen — und wohl auch zu taufen (vgl. Joh 3, 22—26) — begann. Er ist aber sehr rasch aus der Taufbewegung herausgewachsen, wie noch zu zeigen ist.

Das Auftreten Jesu und des Johannes zeitlich zu bestimmen, ist auf Grund der Quellenlage schwierig. Nach Mk 1, 14 — durch Mt 4, 12 übernommen — beginnt Jesus erst nach der Gefangennahme des Johannes öffentlich in Galiläa zu wirken. Diese Überlieferung ist spätestens bei Lk kerygmatisiert: Lk 3, 18—20 wird die Gefangennahme des Johannes vor der Taufe Jesu notiert, um die Lk 16, 16 genannte Epoche der Propheten in der Darstellung des Evangeliums vor dem Beginn des Wirkens Jesu enden zu lassen. Das heilsgeschichtliche Interesse des dritten Evangeliums meldet sich hier ganz deutlich. Ist es auch schon bei Mk zu finden? Im Unterschied zu den Synoptikern berichtet das Johannesevangelium, daß die Wirksamkeit Jesu und des Johannes sich über eine nicht näher zu bestimmende Zeit hinweg nebeneinander her vollzogen habe. Es ist durchaus möglich, daß sich hier alte Tradition erhalten hat. Die Rivalität der beiden Schulen, die auch sonst in den Evangelien zu beobachten ist — vgl. die Kindheitsgeschichte des Lk —, ließe sich auf diese Weise am ehesten verstehen.

Wie Josephus (Ant XVIII 5, 2) berichtet, hat Herodes Antipas, Sohn des Herodes und nach dessen Tod Tetrarch von Galiläa und Peräa bis zu seiner Verbannung nach Lyon durch Caligula im Jahre 39 post Chr., Johannes aus politischen Gründen auf der Festung Machärus gefangengesetzt und hinrichten lassen. Obwohl das Bild, das Josephus von Johannes und seiner Wirksamkeit zeichnet, dem hellenistischen Geschmack seiner Leser angeglichen ist — Betonung der ethischen Unterweisung gegenüber der Bedeutung der Taufe —, dürfte diese Nachricht doch zuverlässig sein. Die Mk 6, 21—28 überlieferte Erzählung vom Tanz der Salome ist Legende. Das genaue Todesjahr des Täufers läßt sich nicht nennen.

3. *Wirksamkeit*

Nach Mk 1, 14 parr beginnt Jesus nach der Gefangennahme des Täufers in Galiläa zu wirken. Über die Dauer dieser Wirksamkeit wird indes nichts gesagt. Die synoptischen Evangelien sprechen nur ausdrücklich vom Beginn, dem sie einzelne Ereignisse während der Tätigkeit Jesu anfügen. Den Abschluß bilden: Reise nach Jerusalem zur Passahzeit, Gefangennahme, Verurteilung, Kreuzigung und Begräbnis.

Die Darstellung des Johannesevangeliums unterscheidet sich von der der Synoptiker sehr deutlich! Jesu Wirksamkeit läuft anfänglich neben der des Täufers einher (vgl. den voranstehenden Abschnitt). Dann reist Jesus nach der joh Darstellung mehrmals nach Jerusalem: Joh 2, 13 zum Passahfest; Joh 5, 1 zu einem von der überwiegenden Mehrzahl der Textzeugen nicht näher bezeichneten Fest, das man als Passahfest verstehen kann, wenn man dem nicht seltenen Vorschlag folgen und die Kapitel 5 und 6 umstellen will, wodurch das Joh 6, 4 genannte Passah mit dem Fest von Joh 5, 1 identisch wäre; Joh 7, 2. 14 geht Jesus zum Laubhüttenfest nach Jerusalem; Joh 10, 22 hält er sich während des Tempelweihfestes dort auf. Wie in der synoptischen Darstellung fallen auch nach Joh Passion und Kreuzigung in die Passahzeit (vgl. Joh 19, 1). Das vierte Evangelium nennt also drei Passahfeste. Danach hätte Jesus mindestens zwei volle Jahre öffentlich gewirkt. Es bestehen jedoch starke Bedenken, diese Angaben des vierten Evangeliums als historisch zuverlässig anzunehmen. So ist etwa die joh Darstellung der Tempelreinigung (Joh 2, 13—22) einer der wenigen Texte des 4. Evangeliums, die Parallelen bei den Synoptikern haben (vgl. Mk 11, 15—17 parr). Die Synoptiker wissen nur von einem Jerusalemer Aufenthalt Jesu, weswegen das Passahfest, zu dessen Feier Jesus nach Jerusalem zieht und dort die Tempelreinigung vollzieht, mit dem Todespassah identisch ist. Nach der joh Darstellung steht die Tempelreinigung am Beginn der Wirksamkeit Jesu: er zieht zum Osterfest von Kapharnaum aus nach Jerusalem und reinigt den Tempel (vgl. Joh 2, 12 f.). Die Verbindung von Tempelreinigung und Passah ist also wohl in der Tradition vorgegeben. Daß es sich aber um das Passah handelt, in dessen Verlauf Jesus stirbt, kann in der joh Darstellung nicht zum Zuge kommen, da der Evangelist die Tempelreinigung aus kompositorischen Gründen an den Beginn des Wirkens Jesu setzt. Stellt man die Freiheit im Umgang mit der Tradition in Rechnung, die im 4. Evangelium auch sonst zu beobachten ist, so wird man hinsichtlich einer nach Joh möglichen längeren Wirksamkeit zurückhaltend sein. Es ist aber auch darauf hinzuweisen, daß aus der Tatsache, daß die Synoptiker nur von einem Jerusalemer Aufenthalt Jesu sprechen, nicht zwingend geschlossen werden kann, daß die Wirksamkeit Jesu nur ein Jahr gedauert haben könne.

Nimmt man die Herkunft Jesu aus der Täuferbewegung ernst, dann lassen sich Übereinstimmungen wie Unterschiede zwischen seiner und des Täufers Wirksamkeit nennen. Johannes wird Mk 1, 6 als Asket gezeichnet, und das alte Wort Mt 11, 18 par Lk 7, 33 spricht von seinem Fasten: „Er aß nicht und trank nicht!“ Das Fasten kennzeichnet denn auch die Lebensweise der Schüler des Johannes (vgl. Mk 2, 18). Jesus stellt sich anders dar: „Es kam der Menschensohn, der ißt und trinkt, und sie sagen: Seht den Fresser und Säufer, den Kumpan von Zöllnern und Sündern!“ (Mt 11, 19). Und für seine Schüler lehnt Jesus die Fastenpraxis des Täufers ausdrücklich ab (vgl. Mk 2, 19 a). In beiden Texten ist von der täuferisch-asketischen Lebensweise nur insofern gesprochen, als Jesus und seine Schüler diesem Ideal nicht folgen. Dies ist um so auffallender, als festgehalten wird, daß Jesus doch wohl anfangs sich von diesem Ideal angezogen gefühlt haben muß. Warum sonst wäre er nach Judäa an den Jordan gereist, um sich von Johannes taufen zu lassen?

Ein weiterer Unterschied in der Lebensweise und Art des Wirkens fällt auf. Johannes hält sich am Rande der Einöde am Jordan auf, und Menschen aus allen Schichten kommen zu ihm heraus: „Und hinaus zu ihm zog das ganze jüdische Land, die Leute von Jerusalem alle“ (Mk 1, 5). Dies ist nicht zuletzt bedingt durch die Taufe im Jordan. Jesus, der wohl selbst anfänglich taufte, scheint sehr früh seine Tauftätigkeit eingestellt zu haben. Damit ist er nicht mehr ans Jordantal gebunden, sondern kann in Galiläa und im angrenzenden Land umherziehen: er macht sich also auf zu den Menschen und predigt. Es handelt sich bei diesem Umherziehen nicht um eine rein äußerliche Unterscheidung von der Art des Wirkens Johannes des Täufers. Das wird darin sichtbar, daß Jesus sich auch denen zuwendet, die solche Hinwendung nach der landläufigen religiösen Auffassung des Judentums der Zeit gar nicht erwarten durften und auch nicht erwarteten: die Zöllner und öffentlichen Sünder. Das alte Wort der Logienquelle Mt 11, 19 par Lk 7, 35, das Jesus einen „Freund von Zöllnern und Sündern“ schilt, zeigt den von den Schriftgelehrten und Pharisäern nach Mk 2, 16 erhobenen Vorwurf in grellem Licht: „Er ißt mit den Zöllnern und Sündern!“ Die Reflexion des 3. Evangeliums hierüber ist an der Komposition von Lk 15, das an diesen Vorwurf eine Gleichnisrede Jesu vom Verlorenen anschließt, deutlich erkennbar. Die Hinwendung Jesu zu den Menschen impliziert die Annahme der Sünder, ohne auf Vorleistungen im Sinne der täuferischen Bußwerke zu bestehen. Die Abkehr Jesu von der täuferischen Askese gibt seiner Wirksamkeit eine besondere, neue Note.

Diese Beobachtung bietet eine Grundlage für Überlegungen, welcher Richtung innerhalb des palästinensischen Judentums

Jesus am ehesten zuzuordnen sei. Der Täuferbewegung, in der die Anfänge Jesu liegen, ist er entwachsen. Die Zuwendung zum Volk und zu den von den Zeitgenossen religiös und sozial als Außenseiter Behandelten legt den Gedanken nahe, daß Jesus selbst aus dem einfachen Volk kam und nicht zu den Gebildeten in seinem Volke gehörte. Man kann in diesem Zusammenhang darauf hinweisen, er sei Zimmermann bzw. Sohn eines Zimmermanns gewesen und entstamme einer kinderreichen Familie (Mk 6, 3), und offenbar hätten die Bewohner seiner Vaterstadt nichts von einer Schulbildung Jesu gewußt: „Woher hat der das denn, und was ist das für eine Weisheit, die dem gegeben ist?" (Mk 6, 2). Aus dem Stoff der Gleichnisse versucht man gewisse Rückschlüsse zu ziehen auf das Milieu, aus dem Jesus stammte. In vielen Gleichnissen wird die bäuerliche Welt Palästinas erkennbar: Sämann und Ackerfeld; Ernte und Mißwuchs; Hirten und Tagelöhner; Fischer bei ihrer mühevollen Arbeit. Es trifft auch zu, daß die Jesusüberlieferung nirgends auch nur einen Hinweis enthält, daß Jesus von der großartigen hellenistischen Kultur, die unter Herodes eine Blütezeit in Palästina erlebte, beeindruckt gewesen wäre. Im Gegenteil! Auf den erstaunten Ausruf eines seiner Schüler angesichts des herodianischen Tempels: „Lehrer, sieh doch, was für Quadern und was für Bauten!" hat er nur das Wort vom bevorstehenden Untergang dieser ganzen Pracht (vgl. Mk 13, 1 f.). Doch sollte man diese Beobachtungen nicht zu hoch einstufen! Es lassen sich ja auch Gleichnisse von kriegführenden Königen und gerissenen Gaunern nennen, die wohl kaum zu entsprechenden Schlüssen herhalten sollten.

Wichtiger scheint eine andere Tatsache zu sein. Die Jesusüberlieferung der Evangelien spricht eindeutig von einem Widerspruch der pharisäischen Kreise gegen den unorthodoxen Umgang Jesu mit den Sündern. Der Vorwurf kommt also nicht in erster Linie aus Täuferkreisen, wenn auch Mk 2, 18 f., wo Schüler des Täufers und der Pharisäer in einem Atemzug genannt werden, nicht unterschlagen werden soll.

Wenn Jesus selbst zum ungebildeten Volk, wohl gar zu den

verachteten Randgruppen gehört hätte, wäre sein Umgang ja der seines Milieus gewesen, und die Pharisäer hätten wohl kaum Anlaß gehabt, sich darüber als über etwas Ungebührliches und Ungewöhnliches aufzuhalten. Ungewöhnlich und eines Vorwurfs wert wird das alles doch erst dadurch, daß Jesus offenbar aus seinem Milieu heraustritt und sich in einer Weise verhält, wie man sie eben nicht erwarten konnte. Diese Art und Weise muß zumindest im Pharisäertum ungewöhnlich, wenn nicht unmöglich gewesen sein, sonst wäre der pharisäische Einspruch nicht erklärlich. Dann wird man nicht ausschließen können, daß Jesus mit pharisäischen Kreisen Kontakte hatte. Geht man noch einen Schritt weiter, dann läßt sich sagen, daß diese Kontakte so geartet waren, daß in der Beurteilung Jesu selbstverständlich die pharisäischen Kriterien angelegt wurden. Jesus müßte demnach der pharisäischen Richtung innerhalb des Judentums Palästinas zuzuordnen sein. Die alte Überlieferung Mk 12, 28—34 zeigt ihn denn auch in einem gelehrten Disput ohne alle Polemik mit einem Schriftgelehrten, dem er abschließend sagt: „Du bist nicht weit vom Reiche Gottes" (Mk 12, 34). Bereits Mt 22, 35—40 und Lk 10, 25—28 ist aus dem Schulgespräch ein Streitgespräch geworden, in dem der Pharisäer Jesus „versuchen" will und demzufolge für das mk anerkennende Schlußwort Jesu kein Raum mehr ist. Der Urchristenheit, die zumal nach dem Untergang des Tempels in der Auseinandersetzung mit dem Pharisäismus steht, war die Weitergabe einer Überlieferung, die Jesus dem Rabbinat zuordnete, offenbar zu anstößig. So wurde sie christlich domestiziert und hat sich nur bei Mk erhalten.

Um die Zeitenwende ragen unter den pharisäischen Gelehrten in Jerusalem zwei Gestalten hervor: Hillel der Alte, auch der Babylonier genannt, weil er aus einer babylonischen Exulantenfamilie stammte. Seine Hauptwirksamkeit ist wohl in die Zeit Herodes des Großen und in die nächstfolgende zu setzen (etwa 20 ante Chr. — 15 post Chr.). Er stammte aus einfachen Verhältnissen, hatte sich als Student seinen Lebensunterhalt selbst verdient und nahm so auch den Ärmsten in seine Akademie auf. Er war keine trockene Gelehrtennatur, die sich nur mit der

Weitergabe des überlieferten Wissensstoffes begnügte. Er bestand vielmehr darauf, daß es jeder Generation erlaubt sein müsse, aus ihrem Studium der Tora neue Einsichten abzuleiten. So verfaßte er neue Halachot, um das Gesetz den veränderten Bedingungen anzupassen.[9] Trotzdem verwarf er die überkommenen Traditionen nicht. Seine Geduld und Freundlichkeit werden sehr gerühmt. Nie vergaß er seine geringe Herkunft und hielt zeitlebens Verbindung mit dem einfachen Volk. Die Schule Hillels hat durch seinen Schüler, Rabban Johanan ben Sakkaj, der während der Belagerung Jerusalems durch die Römer im Lehrhaus in Jabne ein neues geistiges Zentrum des Judentums schuf, später die Richtung des Judentums bestimmt.

Schammaj, gelegentlich ebenfalls mit dem Beinamen „der Alte", vertritt gegen Hillel die strengere Richtung des Pharisäismus. Er repräsentierte das konservative Element im Lande. Als erfolgreicher Maurermeister reich geworden, neigte er dazu, die Interessen der Begüterten wahrzunehmen. Schammaj sah die Gefahren voraus, die dem Judentum durch die von Herodes unterstützte römische Vorherrschaft drohten. Er erließ deshalb viele Vorschriften, die es den Juden unmöglich machen sollten, sich mit den Heiden zu verbrüdern. Auch seine Schüler neigten zu rigorosen Entscheidungen in religiösen Dingen.

Nimmt man alle diese Beobachtungen zusammen, so scheint die Einordnung Jesu in die pharisäische Bewegung seiner Zeit am ehesten dem historischen Befund gerecht zu werden, soweit er sich aus der Überlieferung der Evangelien erheben läßt. Man wird dann wohl an einen Pharisäismus hillelitischer Prägung denken, der die Zuwendung zum einfachen Volk ebenso ermöglicht wie die Beobachtung, daß die Überlieferung der Jesusworte nichts von einer Front gegen die Römer erkennen läßt, wie die damals herrschende Schule Schammajs sie errichtete. Die oft vorgeschlagene Einordnung Jesu in die essenische Bewegung, oder gar die — wenigstens zeitweise — direkte Zugehörigkeit zu Qumran, bleibt Vermutung, die sich nicht belegen läßt. Berührungen mit der qumranitischen Geistigkeit dürften auf die Nähe der Täuferbewegung, aus der Jesus herkommt, zu Qumran zurückzuführen sein. Doch sind die Unterschiede augenscheinlich. Zunächst muß darauf hingewiesen werden, daß Jesus keinen Orden stiftet, sondern eine Bewegung quer durch alle Schichten des Volkes initiiert. Die Vorstellung vom endzeitlichen Kampf, die in Qumran eine hervorragende Rolle spielt, ist bei Jesus nicht zu finden. Rituelle Handlungen — wie etwa die in Qumran beliebten Waschungen — fehlen in der Jesusbewegung, ja werden ausdrücklich abgelehnt (vgl. Mk 7, 1—23). Schließlich ist die Stellung Jesu zur Schrift anders als in Qumran. Während dort der Ausleger, vom Geist inspiriert, das Wort der Schrift für die Gemeinde verbindlich erklärt, nimmt Jesus zwar ebenfalls für sich in Anspruch, den in der Schrift verwahrten Gotteswillen zu verkünden, beruft sich aber dabei nicht auf den Geist, sondern verkündet in eigener Vollmacht. Gerade diese Stellung zur Schrift unterscheidet ihn auch von den pharisäischen Schulen. Anders als in Qumran ist hier nicht der Ausleger inspiriert, sondern das Schriftwort selbst. Die Auslegung wird in den Schulen in gelehrten Disputen unter Berufung auf anerkannte Lehrautoritäten erarbeitet und schließlich durch Abstimmung als Meinung der Schule festgestellt. Bei Jesus ist nirgends etwas von Berufung auf Lehrautoritäten zu finden. Auch wird in der Jesusüberlieferung der Evangelien nicht deutlich, daß Jesus einen Schulbetrieb nach Art der rabbinischen Schulen durchgeführt hätte, wenngleich dies von manchen vermutet wird. Man muß jedoch feststellen, daß wir hierüber nichts Sicheres wissen.

Die Ähnlichkeiten und die Unterschiede, die erkennbar sind, lassen bei aller auf Grund der Quellenlage gebotenen Zurückhaltung die Feststellung zu, daß Jesus aus der Täuferbewegung herkam, sich von ihr absetzte und sich einem Pharisäismus hillelitischer Prägung näherte, ohne indes — wie es scheint — förmlich in die pharisäische Bewegung einzugehen: er blieb ein Außenseiter. Die traditionsgeschichtlich von Mk bis Joh feststellbare steigende Tendenz zur Pharisäerfeindlichkeit in der Darstellung dürfte Rückspiegelung urchristlicher Situation in das Leben Jesu sein. Der historische Anknüpfungspunkt dürfte wohl darin zu suchen sein, daß Jesus sich in keine der Bewegungen des Judentums seiner Zeit voll integrierte, auch nicht in den Pharisäismus, was am ehesten möglich scheint. Das hat andererseits zur Folge, daß der Kreis um Jesus für andere Gruppierungen offen war und es auch noch in der ersten Zeit der Urchristenheit blieb, wie die Gestalt des Paulus beweist, der Pharisäer war (vgl. Phil 3, 5).

Es drängt sich nun freilich die Frage auf, worauf diese Eigenständigkeit Jesu, die offenbar eine solche Integration ausschließt, letztlich gründet. Gibt es in den Darstellungen Jesu, wie die synoptischen Evangelien sie bieten, Hinweise darauf? Mit dieser Frage stehen wir vor dem wohl schwierigsten Problem der Jesusforschung: der Frage nach dem Selbstbewußtsein Jesu. Methodisch muß hierzu gesagt werden, daß die Antwort auf diese Frage nicht unmittelbar aus der neutestamentlichen Jesusüberlieferung gewonnen werden kann. Dies ist deshalb unmöglich, weil Jesus sein Selbstbewußtsein nicht zum Gegenstand seiner Lehre gemacht hat. Die Frage kann also nur beantwortet werden aus der Erörterung der Lehre und des Verhaltens Jesu. Der Versuch, die Antwort aus den auch in den synoptischen Evangelien belegten Titeln der urchristlichen Christologie zu gewinnen, führt wohl zur traditionellen Vorstellung vom Selbstbewußtsein Jesu, wird aber dem traditionsgeschichtlichen Sachverhalt nicht gerecht, wie bereits dargestellt wurde (vgl. Teil I).

Die Darstellung Jesu in den neutestamentlichen Evangelien ist nicht von vorneherein dazu angetan, die Frage nach der Lehre Jesu an den Anfang zu setzen, wenn von Jesu Wirken die Rede sein soll. Das Markusevangelium vermittelt aufs Ganze gesehen ein Bild Jesu, das auf den ersten Blick den machtvollen Wundertäter in den Vordergrund stellt. Dagegen stellt Mt den Lehrer und Prediger schon dadurch heraus, daß der Jesus des 1. Evangeliums umfangreiche Reden hält, die vom Evangelisten eigens als solche gekennzeichnet sind. Damit ist ein Akzent gesetzt, der die überkommene Erzähltradition deutlich in den Dienst der Lehre stellt, wie es z. B. die Zuordnung von Rede

(Mt 5—7) und Erzählung über Machttaten (Mt 8 und 9) erkennen läßt. Das 4. Evangelium kennt lange Reden Jesu, zugleich aber auch die mirakulösesten Wunder der neutestamentlichen Jesusdarstellung. Dennoch ist die Akzentuierung des Wortes Jesu bei Johannes nicht zu verkennen. Vollends deutlich wird dies bei einem Blick auf die Logienquelle, soweit sie aus Mt und Lk erschlossen werden kann: diese älteste Sammlung von Jesusüberlieferung enthielt zum größten Teil Redestoff, wenn auch der Erzählstoff nicht ganz fehlt (vgl. Mt 8, 5—13 par Lk 7, 1—10). Die Dominanz der Lehre darf also für den irdischen Jesus angenommen werden. (Damit ist freilich die Frage zu stellen, wie sie dann in der Überlieferung der Urchristenheit zurücktreten konnte: s. Teil I.)

a) Verkündigung der Königsherrschaft Gottes

Das Spezifikum der Verkündigung Jesu darf thematisch in der Proklamation der „Königsherrschaft Gottes", nach Mt „Königsherrschaft der Himmel", gesehen werden. Die Terminologie ist im zeitgenössischen Judentum nur spärlich belegt und dies in unterschiedlicher Bedeutung. Der im Alten Testament (vgl. Ps 145, 11—13) begegnende Ausdruck malkut Jahwe bedeutet „kein Staatswesen in unserem Sinne, kein irgendwie verfaßtes Volk oder Land, sondern eben eine ‚Herrschaft', welche einen bestimmten Bereich umspannt" [10]. Das in der Septuaginta (LXX) verwendete Äquivalent ἡ βασιλεία τοῦ θεοῦ ist demnach im selben Sinn zu fassen: weder räumlich, noch statisch, sondern dynamisch. Der Begriff bezeichnet „die königliche Herrschaft Gottes in actu, zunächst im Gegensatz zu irdischer Königsherrschaft, dann aber zu aller Herrschaft im Himmel und auf der Erde. Ihr Hauptkennzeichen ist, daß Gott das ständig ersehnte, auf Erden nie erfüllte Königsideal der Gerechtigkeit verwirklicht."[11] Man wird also mit einigem Recht die synoptische Wendung βασιλεία τοῦ θεοῦ (τῶν οὐρανῶν) wiedergeben „Königsherrschaft Gottes (der Himmel)", was dem dynamischen

Charakter des Ausdruckes am ehesten gerecht wird und die lokale Dimension mit berücksichtigt. Letztere ist im apokalyptischen Horizont unbestreitbar gegeben und verbietet, die Wendung im Sinne der liberalen Theologie um die Jahrhundertwende als das „innere“ Reich des Glaubens zu begreifen.

Um so mehr muß der lexikographische Befund zu denken geben, daß ausgerechnet die apokalyptische Literatur des antiken Judentums, die am stärksten mit der endzeitlichen Thematik beschäftigt ist, sich des Terminus und damit der wie auch immer zu charakterisierenden Vorstellung von der Königsherrschaft Gottes nur selten bedient. Auf diesem Hintergrund fällt die Häufigkeit des Ausdrucks in den Jesusworten der synoptischen Evangelien — bei Joh nur 3, 3.5 — besonders auf.

Die jüdisch-apokalyptische Literatur hingegen spricht häufig von *ᵓolam*/ ὁ αἰών, von „diesem Äon“ und dem „künftigen Äon“. Um 90 post Chr. ist diese Vorstellung in 4 Esr 5 (7), 30—50 deutlich ausgebildet. Ob Jesus diese apokalyptische Redeweise benutzt hat, darf bezweifelt werden. Die wenigen Belege in den synoptischen Evangelien wirken formelhaft abgeblaßt und berechtigen allenfalls zur Annahme eines gelegentlichen Gebrauchs durch Jesus.[12] An die Stelle der apokalyptischen Termini tritt bei Jesus die Königsherrschaft Gottes. „Er verknüpft also den Begriff der Gottesherrschaft mit dem des künftigen Äons, der zu seiner Zeit mit der Messiaszeit identifiziert wurde, und zwar in der Weise, daß er von der Gottesherrschaft in der *olam*-Terminologie spricht ...“ [13] Damit trifft Jesus „eine sehr prinzipielle Sachentscheidung ... Denn nur der dynamisch-eschatologische Begriff der Gottesherrschaft, des sich in actu ereignenden Königseins Gottes ..., lieferte die Vorstellung von der Kontinuität göttlichen Handelns, die die spannungsvolle Hinordnung des eschatologischen Jetzt auf das eschatologische Dann ermöglichte ... Dadurch, daß Jesus den kommenden Äon als Herrschaft Gottes auslegt, diese aber trotz des weiter bestehenden alten Äons in actu wirksam werden sieht, hat er sich geradezu radikal von der apokalyptischen Erwartung abgesetzt.“ [14]

Die Verbindung der futurischen und präsentischen Dimension im jesuanischen Basileia-Verständnis ist in dieser Interpretation wohl am deutlichsten gewahrt. Damit sind die in der zeitlichen Auffassung verschiedenen Aussagen über die Königsherrschaft Gottes keine Gegensätze, sondern aufeinander bezogen. Die futurischen Worte sprechen von der Königsherrschaft Gottes als von einer künftigen Wirklichkeit, wie sie deutlich im Vaterunser (Mt 6, 10 par Lk 11, 2) ausgesprochen wird. Es handelt sich bei diesem „Kommen" nicht um einen geschichtlichen Prozeß auf die Wirklichkeit der Königsherrschaft Gottes hin, so daß sie als das Entwicklungsziel der Welt und der Menschheit verstanden wäre. Die Basileia bricht vielmehr in die Welt ein. Sie wird in der Botschaft Jesu angekündigt und kommt mit Sicherheit. Dennoch kann der vom Wort Jesu angesprochene Hörer Gott um das Kommen der Basileia bitten.

Dieser spannungsvollen Auffassung entspricht es, wenn nach Lk 17, 20.24 par Mt 24, 27 die Basileia ohne jede Vorankündigung anbricht; wogegen in Lk 12, 56 davon die Rede ist, daß die Menschen schon jetzt die Zeichen erkennen und auf sie achten sollen. So ist denn auch das endzeitliche Gericht einerseits ein gegenwärtiger Akt der Scheidung zwischen Gut und Böse — so vor allem in den Gleichnissen Mt 13, 24—30. 47—50; 24, 40 f., während in der apokalyptischen Rede Mt 25, 31—46 ein großes Gericht angekündigt und beschrieben wird. Wird diese Spannung nicht als Einheit betrachtet, bleiben nur zwei Möglichkeiten: entweder werden die futurischen Aussagen dominant, dann ergibt sich die sogenannte „konsequente Eschatologie", oder die Basileia wird als präsentische Wirklichkeit gefaßt, dann ist die nicht minder konsequente präsentisch-eschatologische Auffassung ("realized eschatology") begründet. Beide Positionen müssen indes die jeweils entgegengesetzten Aussagen zu erklären versuchen. Die konsequente Eschatologie versuchte dies anfänglich mit psychologischen Mitteln: „Die Verkündigung Jesu von der Nähe des Reiches Gottes hat uns auf das messianische Selbstbewußtsein Jesu zurückgeführt. Beides hängt auf das Innigste zusammen, oder besser: beides läuft parallel. Wie in der

Verkündigung des Reiches Gottes ein stark eschatologisches Moment, eine noch ungelöste Spannung enthalten ist, so daß der ganze Schwerpunkt auf die Zukunft gelegt wird, so ist auch der Messiasglaube Jesu nur zum Teil Gegenwartsbesitz, zum Teil auch Glaube an die Zukunft. Er hat sich getrieben gefühlt, der Welt das Heil und das Gericht anzusagen, weil er die Nähe des Reiches Gottes mit Sicherheit voraus empfand und weil er sich in besonderer Weise als der Vertraute und Beauftragte Gottes wußte. Aber wie er doch nur auf einzelnen vorübergehenden Höhepunkten der Stimmung die Herrschaft Gottes bereits angebrochen schaute, im übrigen aber auf das zukünftige Eingreifen Gottes hoffte, so hat er auch in bezug auf seine Erhöhung zum Messias das letzte entscheidende Wort seinem Vater im Himmel überlassen. Er wird an ihm thun, was er verheißen hat." [15] A. Schweitzer hat die „rein jüdisch-eschatologische Bedingtheit der Lehre Jesu" [16] erhärtet und erkennt die Eschatologie als zeitbedingte Weltanschauung, die mit dem historischen Jesus so unlösbar verbunden ist, daß sie in die Gegenwart nicht übertragen werden kann. Eine Zeit kann nach A. Schweitzer nur so viel lebendige Beziehung zu Jesus haben, als sie von den Gedanken beherrscht ist, die denen entsprechen, die sich in Jesu Begriff des Reiches Gottes zusammenfinden.[17] R. Bultmann hat diesen Ansatz weitergeführt, indem er existential interpretiert: „Die Zukunft der Gottesherrschaft ist dann auch nicht eigentlich ein Etwas, das einmal kommt im Ablauf der Zeit, für das man — etwa durch Bußgebete und gute Werke — etwas Besonderes tun kann, was im Momente ihrer Gegenwart überflüssig wird. Vielmehr ist die Gottesherrschaft eine Macht, die die Gegenwart völlig bestimmt, obwohl sie ganz Zukunft ist. Sie bestimmt die Gegenwart dadurch, daß sie den Menschen in die Entscheidung zwingt ... Weil Jesus den Menschen so sieht ..., deshalb wird begreiflich, daß in ihm jene jüdische Hoffnung in der sicheren Gewißheit auftritt, daß die Stunde des Hereinbrechens der Gottesherrschaft gekommen ist. Steht der Mensch in der Entscheidung und charakterisiert ihn eben dies wesentlich als Menschen, so ist ja immer letzte Stunde, und es ist begreiflich, daß für Jesus die ganze zeitgeschichtliche Mythologie in den Dienst dieser Erfassung der menschlichen Existenz trat, und er in ihrem Lichte seine Stunde als die letzte erfaßte und verkündigte." [18] Das Kommen der Basileia ereignet sich also existentiell-zeitlos. Die Konsequenz daraus ist nicht zuletzt, daß die Ungereimtheit des Nebeneinander von präsentisch eschatologischen und futurisch eschatologischen Aussagen theologisch letztlich unerheblich ist. Die konsequent eschatologische Position eröffnet also gerade dann die Möglichkeit, einen temporalen Zusammenhang für die jesuanische Verkündigung der Gottesherrschaft überhaupt zu bestreiten, wenn das heilsgeschichtlich-zeitbestimmte Denken des Neuen Testaments existentiell-zeitlos interpretiert wird.[19]

Solche Weiterentwicklung des Schweitzerschen Ansatzes, der letztlich aus dem Bemühen kommt, die religionsgeschichtlichen Sachverhalte anzuerkennen, ohne bei einer rein deskriptiven Behandlung vergangener Vorstellungen stehenzubleiben, hat als eigentliche Gegenposition zur präsentisch-eschatologischen Auffassung geführt. C. H. Dodd hat in seinem Werk The Parables of the Kingdom, London 1935 nachzuweisen versucht, daß Jesus das Gottesreich als Wirklichkeit der Gegenwart verkündet habe. Die streng eschatologischen Aussagen haben dann symbolischen Charakter, indem sie die überzeitliche Bedeutung des göttlichen Geschehens bezeichnen, das sich in Jesus ereignet. Eine Erwartung endzeitlicher Vollendung der Menschheit und der Welt wird als sekundär ausgeschieden. Die Gleichnisse vom Gottesreich werden als Hinweise auf die Entscheidungssituation in der Gegenwart Jesu und auf das mit Jesus begonnene Wachstum des Gottesreiches gedeutet. „Die Gleichnisse vom Wachsen stellen das Reich Gottes dar, wie es sich unter historischen Bedingungen entwickelt ... Sie sprechen vom Reich Gottes als einem Prozeß, der sich durch eine Gemeinschaft auswirkt, oder als einem Prinzip, das eine Gemeinschaft schafft, durch die das Reich Gottes wachsende Macht in der Menschenwelt erlangt. Der entscheidende Punkt jedoch ist der, daß an Stelle des schroffen Gegensatzes zwischen diesem Zeitalter und dem nächsten, der uns in der Apokalyptik begegnet — eines so völligen Gegensatzes, daß nur eine katastrophale Abschaffung dieser Ordnung und ihre Ersetzung durch eine übernatürliche Ordnung „die Herrschaft Gottes enthüllen“ kann —, wir den Gedanken an eine fortschreitende Enthüllung des Reiches Gottes in dieser historischen Ordnung haben.“ [20] J. Jeremias hat die „realisierte Eschatologie“, von der C. H. Dodd spricht, aufgegriffen und modifiziert, indem er — einer Anregung E. Haenchens folgend — von „sich realisierender Eschatologie“ spricht und damit die Zustimmung C. H. Dodds gefunden hat.[21] „Denn Jesu Verkündigung vom Anbruch der Heilszeit ist ohne Analogie. Was seine Umwelt anlangt, so ist er ‚der einzige uns bekannte antike Jude‘, der verkündet hat, ‚daß die neue Zeit des Heils schon begonnen hat‘.“ [22] Es sind verschiedene Vorschläge gemacht worden, um die genannte eschatologische Spannung in der Basileia-Verkündigung Jesu zu erklären: Jesus habe eine Naherwartung vertreten, dennoch mit einer Zeitspanne zwischen seinem Tod und der Parusie gerechnet (W. G. Kümmel 1945); die Urgemeinde habe noch kurze Zeit in gespannter Naherwartung gelebt, die durch Jesus selbst begründet sei, dann sei sie in die Krise geraten, von der her die Redaktion der neutestamentlichen Überlieferungen zu verstehen sei (E. Grässer 1957).[23] Das Problem stellt sich jedenfalls heute so, daß es unlösbar verflochten ist mit der Frage nach dem Verhältnis von irdischem Jesus zu christologischem Kerygma. Die Ausgangsposition ist m. E. klar: „Weil Jesu eschatologische Verkündigung nicht von ihrem Prediger gelöst werden kann, darum hat die christliche Gemeinde auf diese Predigt mit dem christologischen Bekenntnis geantwortet.“ [24]

Es ist je nach Position des Interpreten im Einzelfall kontrovers, ob die Worte, die vom ἐγγίζειν der Basileia sprechen (Mk 1, 15 parr; Lk 10, 9 par), dies in dem Sinne tun, daß sie meinen, die Basileia sei „nahe herbeigekommen“, oder sie sei „schon da“. Sicher ist die Beobachtung zutreffend, daß es sich dem Wortsinn nach um unmittelbar bevorstehende Zukunft und nicht um Gegenwart handelt. Dennoch ist zu betonen, daß es eine Zukunft ist, die bereits die Gegenwart prägt: Lk 10, 9 steht das Wort im Zusammenhang mit Heilungen, die die Jünger vollziehen und in denen die Geheilten erfahren sollen, daß die Basileia nahe herbeigekommen ist. Eindeutig präsentisch ist das Wort der Logienquelle Lk 11, 20 par Mt 12, 28, das vom Gekommensein der Basileia spricht (ἔφθασεν). Bemerkenswert auch an dieser Stelle, daß das Wort auf einen Vorgang bezogen ist: auf Jesu Exorzismen. Die Dämonenbannung bekräftigt die Gültigkeit des Anspruches Jesu, daß in seinem Wirken die Basileia anbricht, Gott seine Herrschaft aufrichtet. Darin liegt das Charakteristische, wodurch sich Jesu Exorzismen von denen seiner Zeitgenossen abheben. „Auch ihre Exorzismen sind Gottes, aber keineswegs eschatologische Werke. Dämonenbannungen der jüdischen Exorzisten und Dämonenbannungen Jesu sind eben nicht dasselbe, weil beide Male zwar nicht der göttliche Ursprung, wohl aber ihre eschatologische Qualifikation auf dem Spiel steht!“ [25] Die Begriffsanalyse hat erbracht, daß Jesus das apokalyptische Zeitschema der Zwei-Äonen-Lehre zerbricht. Indem er die Gottesherrschaft als Regiment Gottes in diesem Äon in seinem Wirken sich ereignen sieht, ist die Gegenwart durch den adventus regni dei eschatologisch qualifiziert. Das Zerbrechen dämonischer Herrschaft über den Menschen ist Vorwegnahme der endgültigen Vernichtung des Bösen. Wer Jesus begegnet, ist diesem Ende konfrontiert. Die Sprengung des apokalyptischen Zeitschemas durch die jesuanische Basileiaverkündigung ist mehr als Absage an Berechnungen von Terminen und an phantastisches Ausmalen künftiger Heils- und Unheilszustände. Sie ist im Grunde die Relativierung der Geschichte überhaupt: ganz Zukunft und doch schon gegenwärtig, ein gegenwärtiges Kommen, steht der Mensch unter dem Regiment Gottes, das jetzt geschieht.[26]

Dieses „Geheimnis des Reiches Gottes“ wird Mk 4, 1—34 in Gleichnissen erschlossen. Lk 8, 4—18 überliefert nur zwei Gleichnisse, Mt 13, 1—52 ordnet sieben Gleichnisse unter dem Thema der Basileia zusammen. Außerdem sind noch darauf bezogen: Mt 18, 23—35; 20, 1—16; 22, 2—14; 25, 1—13. Die

Königsherrschaft Gottes kommt durch Jesu Wirken wie die Ernte durch das Säen. Wie die Erde von selbst Frucht bringt (vgl. Mk 4, 28), so richtet Gott im Wirken Jesu seine Herrschaft auf. Er tut es, indem er die große Sammlung herbeiführt, die der großen Scheidung vorausgeht. „Nach der allen jüdischen Richtungen gemeinsamen Erwartung, auch nach Johannes dem Täufer und der atl. Prophetie, kommt Gottes Herrschaft durch die große Scheidung. Der, der Gottes Herrschaft bringt, gleicht dem Bauern, der die Spreu vom Weizen scheidet. An Jesu Wirken ist nichts von dieser Scheidung wahrzunehmen", wie in den Gleichnissen vom Unkraut unter dem Weizen und vom Fischnetz deutlich wird (vgl. Mt 13, 24—30.47 f.). „Der Jünger muß das Miteinander von Weizen und Unkraut tragen, auch in seiner eigenen Existenz." [27] Das Gleichnis vom Senfkorn und vom Sauerteig (Mt 13, 31—33) kennzeichnet die Unscheinbarkeit des Wirkens Jesu im Kontrast mit der Vollendung der Gottesherrschaft. „In der Heilszeit sollen universal Krankheit und Sterben verschwinden, Jesus aber heilt einzelne und auch sie nur vorübergehend ... Auch Jesu Wort gewinnt immer nur einzelne und auch die Nachfolgenden versagen immer wieder. Wie kann man es Evangelium, Proklamation der universalen Gottesherrschaft nennen? Die Differenz zwischen dem, was durch Jesu Wirken geschieht, und dem was die Erfüllung der Weissagung bzw. das Kommen des Reiches meint, ist nicht nur quantitativ, sondern vor allem qualitativ ... Was durch Jesus geschieht, gleicht quantitativ und qualitativ einem Senfkorn, aus dem der große Baum wird, der schon bei Daniel das weltumspannende Reich symbolisiert, oder dem Sauerteig, der den ganzen Teig durchsäuert. Genau durch dieses unscheinbare Wirken Jesu und nur auf diesem Weg kommt das Reich Gottes, durch das alles neu wird." [28]

Daß eine solche Spannung zwischen künftiger und bereits gegenwärtig wirksamer Dimension ein und derselben Wirklichkeit im Judentum der Zeit Jesu denkbar und lebbar war, wird aus den Schriften der Qumrangemeinde deutlich. H.-W. Kuhn hat auf der Basis der qumranitischen Gemeindelieder einen Vergleich des qumranitischen Entwurfs eines Miteinander von eschatologischer Gegenwart und Zukunft mit der jesuanischen Auffassung von der Basileia durchgeführt: „Wenn wir also für das Miteinander von Zukunft und Gegenwart des Eschaton bei Jesus nun eine Parallele in den Texten vom Toten Meer besitzen, muß aber zugleich betont werden, daß in der besonderen Ausprägung des Verständnisses der Gegenwart, wie es in den Gemeindeliedern von Qumran und bei Jesus vorliegt, *kein Zusammenhang* besteht. Die eschatologisch-gegenwärtigen Aussagen der untersuchten Qumrantexte gründen in der Heilsgegenwart Gottes auf Grund der ‚*Tempelsymbolik*', und die Gemeinde ist der Ort, an dem schon das künftige Heil präsent ist. Ganz anders bei Jesus: Die Verkündigung der Gegenwart der Gottesherrschaft gründet in dem Anspruch Jesu, daß *in seinem Wirken* Gottes Herrsein aufgerichtet wird." [29] Die Antwort auf die Frage nach dem Kommen der Basileia kann also weder an Jesu Taten noch an seinen Worten als solchen abgelesen werden. „Sie ergibt sich nur aus der Gesamtheit seines Wirkens, das durch seine Person repräsentiert wird ... Die Frage nach dem gegenwärtigen Kommen des Reiches ist ... letztlich die Frage nach der Person Jesu." [30]

b) Ethische Verkündigung

Nach Mk 1, 15 (vgl. 6, 12) par Mt 4, 17 (vgl. 11, 20) beginnt Jesus seine Verkündigung mit einer Forderung: Μετανοεῖτε — „Kehret um!" Der Umkehrruf ist auf die Basileia bezogen: „denn nahe herbeigekommen ist die Königsherrschaft Gottes!" Die Begriffsstatistik ergibt, daß die Begriffe μετάνοια und μετανοεῖν weit weniger häufig gebraucht werden als das Wort βασιλεία. Außerdem ist erkannt, daß sie meist in redaktionellen Passagen der Evangelisten vorkommen; in Q nur Mt 11, 21 par Lk 10, 13; Mt 12, 41 par Lk 11, 23, beidesmal als Rückverweise auf atl. Situationen. Eine auffallende Häufung begegnet im lk Sondergut. Es handelt sich also wohl bei „Umkehr", wie die synoptischen Evangelien das Wort verwenden, um einen „*Sammelbegriff*, in dem vor allem die Evangelisten zusammenfassen, was Jesus vom Menschen will. Er selbst aber umschreibt in differenzierender Konkretion, *was dem Menschen jetzt ansteht*, nämlich das Armwerden im Sinne der Seligpreisungen und der totale Einsatz im Sinne der Einzelweisungen der Bergpredigt. Was er selbst letztlich beim Menschen sucht, faßt er in *zwei neuen Begriffen* zusammen, nämlich *nachfolgen* und *glauben*." [31] Der traditionell atl. Begriff meint in der prophetischen Verkündigung Israels „ursprünglich die Rückkehr Israels zu dem Anfang, den Jahwe mit seinem Volk als ganzem gemacht hat" [32]. Die kommende Basileia, die im Wirken Jesu bereits die Gegenwart bestimmt, erfordert also — paradoxerweise — eine Rückkehr. Doch ist dies eine scheinbare Ungereimtheit: die Hinwendung zur Königsherrschaft Gottes in der Annahme des Evangeliums Jesu ist Rückkehr zum Gott Israels, der seine Herrschaft aufrichtet. Die jesuanische Basileia-Verkündigung ist durch Aufnahme der atl. Umkehrthematik in den Glauben an den Gott Israels eingebettet, der — wie Jesus auf die Täuferfrage in Anlehnung an die atl. Prophetie sagt — kommt, um seine Verheißungen zu erfüllen (vgl. Mt 11, 3—6). So kann generell gesagt werden: Jesus hat nicht neue sittliche Forderungen aufgestellt und deren Beobachtung verlangt. Seine Ethik ist materialiter der Sittlichkeit des zeitgenössischen Judentums eingeordnet und von der atl. Überlieferung getragen. Daß das Neue darin liege, daß der Forderung das Angebot des Heils vorausgehe, und der Mensch eingeladen werde, es zu ergreifen, kann m. E. in dieser pointierten Weise auch nicht aufrechterhalten werden. Es ist zwar typisch für die ethische Verkündigung Jesu [33], aber neu ist es nicht. Es handelt sich um Aufnahme prophetischer Umkehrverkündigung.[34] Wenn ein neuer Ton in der Verkündigung Jesu zu hören ist, so rührt er von der Basileia-Verkündigung her. Die Sittlichkeit wird in einen neuen Horizont versetzt: den der anbrechenden Königsherrschaft Gottes. In diesem Horizont lassen sich an den Forderungen Jesu, wie an seiner gesamten Sicht der ethischen Verpflichtung des

Menschen dann auch neue Lichter erkennen. In welcher Weise sie zu bewerten sind, ist eine Frage für sich.

Die ethische Verkündigung Jesu ist vor allem in zwei Redekompositionen der synoptischen Evangelien verdichtet, denen demzufolge das Interesse der Auslegung gilt: der „Bergpredigt" des Matthäusevangeliums (Mt 5—7) und der parallel laufenden „Feldrede" des Lukasevangeliums (Lk 6, 20—49). Die jeweils verschieden geartete Komposition ist zum großen Teil der Logienquelle entnommen, doch finden sich manche Worte auch bei Markus (das Wort vom Salz: Mk 9, 49 f.; Mt 5, 13; Lk 14, 34 f.; — das Gleichnis vom Licht: Mk 4, 21; Mt 5, 14 bis 16; u. a.). Doch hat Lk gegenüber Mt die Rede kürzer gehalten, indem er manches, was Mt in seine große Komposition der Bergpredigt einfügte, in anderen Zusammenhängen bietet (z. B. das Vaterunser, bei Mt Kernstück der Bergpredigt, Mt 6, 7—15, eröffnet bei Lk eine Belehrung über das rechte Beten Lk 11, 1—4). Andererseits hat Mt auch Sondergut in die Bergpredigt aufgenommen. Aus all dem wird erkennbar, daß wir es in beiden Reden mit literarischen Schöpfungen des Mt bzw. Lk zu tun haben. Die Ethik Jesu ist also nicht ohne weiteres aus der Bergpredigt bzw. der Feldrede zu rekonstruieren. Eine sorgfältige Analyse ist als Vorarbeit unerläßlich.

Die Makarismen (Lk 6, 20b—23 par Mt 5, 3—12) sind in ihrem Grundbestand wohl auf Jesus selbst zurückzuführen. Die mt Version weist gegenüber Lk bereits Erweiterungen und Interpretationen auf, weshalb mit Recht die lk Form als älter gilt. Die Form der Seligpreisung macht deutlich, daß die ethischen Forderungen Jesu auf der Zusage des Heils gründen, darin — wie schon erwähnt — dem prophetischen Umkehrruf des Alten Testaments vergleichbar. Den Makarismen über die Armen, Hungernden, Weinenden und Verhaßten folgt Lk 6, 24—26 eine entsprechende Reihe von Weherufen über die Reichen, Satten, Lachenden und Wohlbeleumundeten. Die Thematik ist damit besonders unterstrichen: indem den Armen das Heil zugesagt wird, ist zugleich vor Reichtum und Schätzesammeln gewarnt unter Androhung des eschatologischen Unheils. Die Zusage des

Heils verkehrt sich bei ihrer Ablehnung in die drohende Ansage des Unheils.

Die Forderungen, die in der Form der Antithesen gehalten sind, geben ebenfalls die Verkündigung Jesu wieder. Doch lassen sich zwei Gruppen unterscheiden: Die „primären" Antithesen überbieten jeweils ein alttestamentliches Gebot und sind auf dieses Gebot als auf die These so bezogen, daß sie nur aus dieser verständlich sind. Zu dieser Gruppe gehören: Das Wort vom Töten und Zürnen (Mt 5, 21 f.), das Wort von Ehebruch und Ehescheidung (Mt 5, 27 f.), das Wort vom Schwören (Mt 5, 33—37). Diese Antithesen sind Sondergut des Mt. Zur anderen Gruppe werden gerechnet: das Wort vom Scheidebrief (Mt 5, 31 f.), das eine Parallele in Lk 16, 18 hat und auch Mk 10, 11 f. überliefert ist, was wohl die mt Doppelüberlieferung (Mt 19, 7.9) begründet. Die Ausnahmeklausel begegnet nur Mt 5, 32. Hier wird ein alttestamentliches Gebot nicht nur überboten, sondern korrigiert (vgl. Dt 24, 1). Das ius talionis des Bundesbuches: „Auge um Auge, Zahn um Zahn" (Ex 21, 24 f.) wird Mt 5, 38—41 außer Kraft gesetzt. Das Wort hat im 2. Teil eine Parallele in der lk Feldrede (Lk 6, 29 f.). Das Gebot der Nächstenliebe (Lv 19, 18), in Mt 5, 43 zum Doppelgebot der Nächstenliebe und des Feindeshasses als These genannt, wird Mt 5, 44—48 durch das Gebot der Feindesliebe ersetzt. Parallel steht der Text der Feldrede Lk 6, 27 f. 32—36, ohne den Zusatz: „du sollst deinen Feind hassen!" Für diese Antithesen ist charakteristisch, daß sie eigenständige sittliche Forderungen darstellen und aus sich selbst verständlich sind, ohne zwingend der These zu bedürfen. Die Form der Antithese wirkt künstlich, dürfte in diesem Falle also wohl der ersten Reihe nachgebildet sein. Die Überlieferung ist hier nicht Sondergut wie bei der ersten Reihe, sondern der Spruchquelle entnommen, wie die Parallelen zu Lk zeigen. Allerdings ist die Überlieferung bei Lk nicht in der Form der Antithese geboten, die eine Eigenart des Mt überhaupt darstellt, der sie aber wohl nicht erst geschaffen hat. Die Wendung „Ich aber ..." gehört zu den Formen schriftgelehrter Diskussion des Judentums und ist im Munde Jesu durchaus denkbar. Die bereits erwähnte Beobachtung, daß sie sich nur bei Mt findet und die Spruchquelle sie nicht kennt, läßt daran denken, daß sie Jesus in den Mund gelegt wurde. Die formale Frage ist kontrovers, die in den Antithesen erhobenen ethischen Forderungen gehen indes wohl auf Jesus selbst zurück.

Das Gebot der Gottes- und Nächstenliebe (Mk 12, 30 f. par Mt 22, 37—39; Lk 10,26 f.) ist dem Alten Testament entnommen: Dt 6, 5; Lv 19, 18. Die ursprüngliche Fassung, die das Markusevangelium bietet, unterstreicht dies noch dadurch, daß der Schriftgelehrte, dem Jesus mit der Nennung der beiden Gebote antwortet, Jesus ausdrücklich zustimmt: er hat diese Antwort erwartet. Durch das Alte Testament nicht vorgegeben ist die Zusammenstellung der beiden Gebote. Ob sie auf Jesus selbst zurückgeht, ist fraglich. Sie begegnet — wenn auch nicht häufig — im hellenistischen Judentum (vgl. Philo Spec Leg II, 63: „... es gibt zwei Grundlehren, denen die zahllosen Einzellehren und -sätze untergeordnet sind: in bezug auf Gott das Gebot der Gottesverehrung und Frömmigkeit, in bezug auf Menschen das der Nächstenliebe und Gerechtigkeit"). Im hellenistischen Bereich ist solche Hervorhebung von Geboten gegenüber anderen denkbar. Rabbinisches Gesetzesverständnis kennt dagegen keine Hervorhebung, wohl eine Zusammenfassung, die in unterschiedlicher Form schon im Alten Testament begegnet (vgl. Mi 6, 8; Ps 15; Jes 33, 15 f.). Rabbi Hillel sagte: „Was dir nicht lieb ist, das tu auch du deinem Nächsten nicht. Das ist die ganze Tora, das andere ist ihre Auslegung." [35] Diesem Wort entspricht die „Goldene Regel" der Bergpredigt Mt 7, 12 par Lk 6, 31. Die positive Formulierung der Evangelien trägt nicht die Behauptung einer höheren Ethik Jesu gegenüber dem Judentum. Der Sinn des Wortes ist in beiden Fällen derselbe. Der Unterschied zwischen Jesus und dem rabbinischen Judentum hinsichtlich der Geltung der Tora besteht darin, daß Jesus das Liebesgebot eindeutig als die Spitze des ganzen Gesetzes auffaßt und das Sich-Klammern an die vielen Weisungen kritisiert (vgl. Mt 23, 23). Jesus setzt die anderen Gebote nicht generell außer Kraft zugunsten des Liebesgebotes. Vielmehr gilt die

Erfüllung des Liebesgebotes als Erfüllung des ganzen Gesetzes (vgl. Mt 5, 17—20). Dadurch ist das Liebesgebot ein „neues Gebot“, wie Joh 13, 34 zutreffend feststellt.

Es geht Jesus also nicht darum, neue Gebote zu formulieren oder die geltenden Worte zu erweitern. Vielmehr geht es ihm um die Aufdeckung des innersten Sinnes des Gesetzes, das Gott als den offenbart, der den Menschen und seine Welt als Schöpfer und Herr total beansprucht. Die Erfüllung des göttlichen Willens ist nicht auf die Erfüllung von einzelnen Vorschriften eingeengt, zwischen denen dann Freiräume bleiben, die in das freie Ermessen des Menschen gegeben wären, so daß er die Möglichkeit hat, über das Vorgeschriebene hinaus noch verdienstvoll zu handeln — was Frömmigkeitsformen entwickelt, die zu einem Anspruchерheben vor Gott führen. Solches Denken lehnt Jesus total ab: „So sollt auch ihr, wenn ihr alles getan habt, was euch aufgetragen war, sagen: Unnütze Knechte sind wir. Was wir tun mußten, haben wir getan“ (Lk 17, 10). Darin ist die „Toraverschärfung“ Jesu (H. Braun) zu sehen, nicht in der Radikalisierung einzelner Vorschriften. So gesehen ist verständlich, daß Jesus sich sogar gegen die Autorität des mosaischen Gesetzes wenden kann, wenn es darum geht, hinsichtlich der Ehe den Willen des Schöpfers herauszustellen (vgl. Mt 19, 8). Er durchbricht gelegentlich das jüdische Ritualgesetz, etwa die Sabbatvorschriften (Mk 2, 23—28), setzt sich aber nicht für die Aufhebung dieses Gebotes ein. Vielmehr macht er den innersten Sinn dieses Gebotes deutlich: „Der Sabbat ist für den Menschen da, nicht der Mensch für den Sabbat“ (Mk 2, 27). Dieses Wort, sowie Jesu kritische Haltung in der Fastenfrage (Mk 2, 18—20) und den Reinheitsvorschriften (Mk 7) könnten so aufgefaßt werden, als ob es ihm gerade nicht um die totale Erfüllung des göttlichen Willens ginge, da er ja offenbar weniger an menschlicher Leistung fordert als die gängige Auffassung und Praxis unter den Frommen seiner Zeit. Doch ist dies eine irrige Meinung. Indem der Wille Gottes als Anspruch des Schöpfers auf den Menschen und seine Welt erkannt wird, weiß der Mensch sich als Geschöpf gefordert, das sein Menschsein vor seinem

Schöpfer leben soll. Wo Gesetze Selbstzweck werden, verhindern sie dies und verdunkeln den Heilswillen Gottes durch falsche Leistungsethik.

Aus dieser Grundhaltung ist die Warnung vor dem Anhäufen von Besitz (Mt 6, 19—21 par Lk 12, 33 f.) und die Aufforderung zur Armut (Mt 5, 3 par Lk 6, 20; Mk 10, 21 parr) zu verstehen. Solche Aufforderung scheint im Widerspruch zu Jesu unasketischem Leben im Sinne der Täuferbewegung zu stehen wie auch zu der Überlieferung, wonach er für sich und seine Schüler durchaus materielle Güter zum Lebensunterhalt annahm (vgl. Lk 8, 2 f.). Es ist nirgends überliefert, daß er sein Handwerk ausgeübt und sich nach pharisäischer Gepflogenheit seinen Lebensunterhalt selbst verdient hätte. Die Freiheit vom Besitz ist zugleich die Freiheit für die Annahme der Königsherrschaft Gottes, in der Gott den Menschen ergreift. So ist denn auch mit der Warnung vor dem Besitz die Warnung vor dem Sorgen aufs engste verknüpft (Mt 6, 25—34 par Lk 12, 22—32). Der Mensch soll sich als Geschöpf vor Gott verstehen und nicht als einer, der das ist, was er hat.

Diese Sicht des Menschen ist Kriterium für die ethische Verkündigung Jesu. Er verpflichtet den Menschen zu göttlicher Vollkommenheit: „Seid also vollkommen wie euer himmlischer Vater vollkommen ist!“ (Mt 5, 48, vgl. Lk 6, 36). Die Vollkommenheit orientiert sich also nicht am Gesetz, sondern an Gott selbst, der seine Sonne auf Gute wie Böse scheinen läßt und regnen läßt auf Gerechte wie Ungerechte. Damit ist die Erfahrung Gottes im konkreten Lebensvollzug zur Grundlage sittlichen Verhaltens gemacht und das Gesetz überboten. Hat Jesus eine eigene Lehre über Gott vertreten? — Jesus setzt in seiner Verkündigung das Gottesverständnis des Judentums voraus. Damit ist viel und wenig gesagt, denn ein einheitlich dogmatisch festgelegtes Judentum gibt es nicht. Das Alte Testament läßt denn auch gerade im Hinblick auf die Wirklichkeit Gottes zwei große Richtungen erkennen, die sich gegenseitig bedingen und zugleich auch miteinander konkurrieren: die prophetische und die gesetzliche. Für beide ist Gott der Herr der Geschichte Israels und Gott des Bundes. Dennoch werden verschiedene Ausprägungen sichtbar. Für die Propheten ist Gott eine Erfahrungswirklichkeit, der sich der Mensch so wenig entziehen wie er der Furcht beim Gebrüll des Löwen wehren kann (vgl. Am 3, 8: „Der Löwe brüllt — wer fürchtet sich nicht? Der Herr Jahwe spricht — wer wird nicht Prophet?"). Die gesetzlich ausgerichtete Frömmigkeit verehrt Gott in der Beobachtung seiner Weisungen und erkennt in ihm den Stifter und Hüter des Rechtes in Israel. Beide Möglichkeiten sind in den jüdischen Gruppen der Zeit Jesu lebendig. Sie lassen sich nicht so scheiden, daß sie jeweils bestimmten Gruppierungen ausschließlich zugewiesen werden könnten. Besonders muß davor gewarnt werden, die pharisäische Bewegung als rein gesetzlich und erfahrungsfeindlich zu etikettieren. Sie war es sicherlich zur Zeit Jesu nicht und ist es auch nach der Konstituierung der Schule von Jabne nie ganz gewesen, obwohl es von den Gelehrten beabsichtigt war. Ein Beispiel ist Paulus, der selbst Pharisäer war und dessen prophetische Auffassung des Apostolates in der Charakterisierung seiner Gotteserfahrung deutlich wird (vgl. Gal 1, 15—17). Für Jesus scheint es charakteristisch zu sein, daß seine Gottesauffassung stark von der prophetischen Tradition Israels geprägt ist. Die Betonung der Erfahrbarkeit der Wirklichkeit der Königsherrschaft Gottes im Umgang mit Jesus wird auf diese Weise verständlich. Dabei bleibt Gott der Schöpfer der Welt und des Menschen, der Gott des Bundes und künftige Richter, wie Israel ihn verehrt. Diesen Gott nennt Jesus mit keinem Namen so häufig wie mit dem Namen Vater: „den himmlischen Vater" (Mt 5, 48), „den Vater in den Himmeln" (Mt 5, 16; 6, 1). Vor seinen Jüngern nennt er ihn „euren Vater" (Mt 5, 48), „deinen Vater" (Mt 6, 4), er lehrt sie beten „unser Vater" (Mt 6, 9). Daß Jesus von Gott als dem Vater der Menschen sprach, ist sicher authentisch, weniger alle einzelnen Belege. Die Bezeichnung Gottes als Vater Jesu (im Munde Jesu: „mein Vater") setzt wohl bereits christologische Reflexion der Urgemeinde voraus. Die Anrede „Abba" findet sich im Munde Jesu in der Gethsemaneperikope Mk 14, 36. Um einen historisch zuverlässigen Bericht kann es sich nicht handeln, doch wird das Wort von der Erinnerung an die von Jesus bevorzugt gebrauchte Gottesprädikation getragen sein. Wie Röm 8, 15 und Gal 4, 6 zeigen, gehört die aramäische Gebetsanrede zur Gebetssprache der hellenistischen Gemeinden. Daß es für diese Gemeinden dann auch im Munde Jesu denkbar ist, liegt nahe. J. Jeremias hat Argumente beigebracht, um das „Abba" im Munde Jesu als typisch jesuanisch zu erweisen.[36] Demnach wäre hinter den griechisch formulierten Vater-Anreden durch Jesus jeweils ein aramäisches „Abba" anzunehmen. Direkt beweisen läßt sich dieser Vorschlag bislang nicht. Die Vateranrede Gottes ist religionsgeschichtlich auch außerhalb Israels belegt. Doch enthält der Vaterbegriff, auf Gott angewendet, in der biblischen Überlieferung „nichts vom Gedanken naturhaften Zeugens, sondern nur den des mächtigen und heiligen Erschaffens, in dem die dauernde väterliche Sorge Gottes gründet" [37]. Im Synagogengottesdienst wird Gott angerufen: „Unser Vater, unser König!" Doch tritt der Vatername gegenüber anderen Gottesprädikaten zurück. Im Schrifttum von Qumran ist nur ein Beleg nachgewiesen: 1 QH IX 35. Später wird der Vatername geläufige jüdische Gottesbezeichnung.[38] „Gegenüber dem Griechentum wie dem Judentum ist das Neue des Evangeliums, daß für Jesus Gott der ganz Nahe und immer Gegenwärtige ist, als Herr und Vater jeden umfangend, begrenzend und fordernd." [39] Doch bleibt Gott für Jesus in seiner Hinwendung zum Menschen eine Wirklichkeit über dem Menschen. Er ist der gnädige Gott.

Die Urchristenheit hat die ihr in Jesus erfahrbar gewordene Wirklichkeit Gottes im Blick auf den Menschen entfaltet. Der Gerechtfertigte ist Tempel des Geistes (Röm 8, 9—11; 1 Kor 3, 16 f.); Christus wohnt durch den Glauben im Menschen (Eph 3, 17); Vater und Sohn kommen, um im Menschen zu wohnen (Joh 14, 23). Solche Entfaltung ist bedingt durch die kerygmatische Fassung der Gestalt Jesu als des Sohnes, weil Gott ihn von den Toten erweckt hat (vgl. Gal 1, 1; Röm 1, 4), und findet im johanneischen „Das Wort ist Fleisch geworden" (Joh 1, 14) wohl zur christologisch dichtesten Aussage im Neuen Testament.

Das eingangs referierte Problem „Kerygma und irdischer Jesus“ (s. o.) wird in seiner Bedeutung gerade bei der Erörterung dieses traditionsgeschichtlichen Befundes deutlich. Die Frage nach der Weiterentwicklung dieses im Neuen Testament erreichten Ansatzes hat ihr Recht. Vorschläge aus humanistischer Tradition liegen vor und sollten nicht unerörtert bleiben.

c) Wunder

„In der Antike bekunden Wunder göttliche oder dämonische Epiphanie. Menschliches Leben gilt hier als den Eingriffen und dem gegenseitigen Kampf überirdischer Mächte ausgesetzt. Das Wunder erweckt Entsetzen und Dank, indem es die verborgene Wirklichkeit der Existenz freilegt. Als Predigtgegenstand weist es auf das jenseitige Heil. Erbauliches Interesse schmückt die Wiedergabe mit mythischen, märchenhaften, legendarischen Motiven. Intention und Weltbild der Wunderberichte lassen sich nicht in eine vom Menschen absehende, am Kausalgesetz orientierte Naturbetrachtung einfügen.“ [40] In dieser Charakterisierung sind die Punkte gekennzeichnet, an denen ein modernes Weltverständnis zu Fehlinterpretationen biblischer Wunderberichte geführt werden kann. „Das biblische Weltverständnis kennt keine Natur und kein Naturgesetz als selbständige Welt neben Gott und seiner Schöpfung. Gott ist Urgrund der Welt. Sie ist sein Werk, und überall ist er am Werk. Der Mensch bestaunt die unbegreifliche Größe dieses Werkes. Die Schöpfung ist für ihn wunderbar, und überall erfährt er Wunder.“ [41] Im Rahmen des antiken Wunderverständnisses sieht die neutestamentliche Wunderauffassung das Wunderbare eines Ereignisses darin, daß die Verborgenheit der göttlichen Wirklichkeit epiphan wird. Dies kann grundsätzlich in allen menschlichen Erfahrungsbereichen statthaben, wie ein Blick auf die Vielfältigkeit der Wundertraditionen zeigt. Es wird aber damit zugleich deutlich, „daß es beweisbare Wunder nicht gibt. Das historisch Erweisbare führt nicht über den Bereich auch anderswo bezeugter psychisch-somatischer Heilwirkung hinaus. Sachkritik am neutestamentlichen Wunderbeweis und zumal der Zeichnung Jesu als des ‚Gottesmannes', die ihn gerade nicht von andern Offenbarern unterscheidet, sind unerläßlich. Umgekehrt kann nicht überhört werden, daß das NT Wunder zutiefst in seinem Kerygma verankert und nicht spiritualisierend allein Vergebung, Bekehrung, Glauben als Wunder behandelt. Ihm liegt an der Aussage, daß Gott eschatologisch wie in der Schöpfung Leiblichkeit will und erfaßt, nämlich den ganzen Menschen in seiner Welt." [42]

Jesu Heilgabe ist zuverlässig bezeugt Mk 1, 30, der kurzen Notiz von der Heilung der Schwiegermutter des Petrus. Der Charakter der Überlieferung macht in der Auslegung zu schaffen [43]: die formgeschichtlichen Elemente einer Wunderheilung lassen sich nicht alle ausmachen, vor allem fehlt jeder Hinweis auf eine kerygmatische Füllung, die erst auf redaktioneller Ebene erfolgt. Möglicherweise ist das Stück eher der Gattung Memorabile zuzuordnen und dürfte dann als ein versprengtes Stück aus der urchristlichen Auseinandersetzung zwischen Schülerschaft und Verwandtschaft Jesu gelten. Am Alter der Überlieferung braucht man nicht zu zweifeln. An dieser Stelle wird bereits sichtbar, daß die Wunder — wie sie von Jesus erzählt werden — einige typische Züge tragen: sie werden nie als Gebetserhörungen gekennzeichnet, wie das zeitgenössische Judentum sie kennt. Joh 11, 41 f. polemisiert offen dagegen. Die Urchristenheit hat zu einem Teil in der Aufnahme jüdischer Tradition sehr früh wieder Gebetsheilungen vorgenommen wie Jak 5, 14 bezeugt. Verglichen mit den hellenistischen Paradoxologien fällt auf, daß eine ganze Reihe von Elementen, die im hellenistischen Raum verbreitet sind, bei den Wundern, insbesondere den Heilungen Jesu fehlen: Lokalisierung von Heilungen an bestimmten Heiligtümern, die Mitwirkung der Priesterschaft, Heilschlaf und Traumerfahrung fehlen völlig. Doch bricht die hellenistische Auffassung bereits in neutestamentlicher Zeit durch: in wunderbaren Vorgängen, die den Aposteln widerfahren, begegnen typisch hellenistische Motive. So korrespondierende Visionen in der Geschichte von Simon Petrus und Cornelius (Apg 10), Befreiungswunder mit dem Motiv der sich selbst öffnenden Tür (Apg 12, 10). Vereinzelt dringt diese Auffassung auch in die Darstellung von Jesuswundern: Joh 2, 1—11 die wunderbare Verwandlung des Wassers in Wein bei der Hochzeit zu Kana; Mt 17, 27 die Münze im Fischmaul, eine Abwandlung des Polykratesmotivs.

Die überwiegende Zahl der von Jesus in den Evangelien erzählten Wunder sind Heilungen. Sie sind gelegentlich durch die Charakterisierung als Fernheilung gesteigert (vgl. Mt 8, 5—13; Lk 7, 1—10; Joh 4, 46 b—54), oder auch durch Komposition mit anderen Heilungswundern, die ein die Spannung steigerndes Retardationsmoment einbringen, erzählerisch gekonnt zu übergreifenderen Einheiten zusammengefaßt (vgl. Mk 4, 35—5, 43).[44]

Die Exorzismen, als Befreiung aus dämonischer Herrschaft ebenfalls als Heilung aufgefaßt, sind — wie das alte Wort Lk 11, 20 zeigt — als Erweis des Anbruches der Gottesherrschaft verstanden. Man wird nicht fehlgehen, Jesu Heiltätigkeit in diesem Horizont zu sehen. „Die oft gestellte Frage nach der Geschichtlichkeit der Heilungswunder Jesu mag dahin zu beantworten sein, daß Jesus mit unvergleichlicher, nach dem Urteil des Evangeliums göttlicher Macht das zuerst hintergründige, dann aber auch vordergründige Kranksein überwand." [45] Alte, bereits vormarkinische Tradition, zeigt dies in der Zuordnung von Heilungswort und Vergebungszusage: Mk 2, 1—12 parr.[46] Selbst ein Wunder wie die Stillung des Sturmes auf dem See (Mk 4, 35—41) weist in dieser ältesten Form Stilelemente des Exorzismus auf. Die ursprüngliche Tradition will also nicht als „Naturwunder" verstanden werden, sondern ist ebenfalls in den umgreifenden Horizont der Heilung gerückt. Bemerkenswert ist die Feststellung, daß Matthäus die Markusvorlage theologisch auf die Jüngerschaft interpretieren und von daher umformen kann (vgl. Mt 8, 23—27).[47]

Das Wunder der Brotvermehrung ist in allen vier Evangelien erzählt, in den synoptischen Evangelien jeweils doppelt: Mk 6,

33—44 parr, Dublette Mk 8, 1—9 parr. Joh 6 ist das Wunder Auftakt und Beziehungspunkt für die angefügten Reden Jesu vom Lebensbrot, die Auseinandersetzungen mit den Juden und den Jüngern. Sowohl im Alten Testament (vgl. Ex 16, 14 f.; 1 Kg 17, 8—16; 2 Kg 4, 1—7; 4, 42—44) als auch in rabbinischer Überlieferung [48] sind Variationen des Motivs der wunderbaren Speisung enthalten. Die Erzählungen der Evangelien sind deutlich in Anlehnung an diese Überlieferung geschrieben: Mk 6, 42 ist 2 Kg 4, 44 zitiert. Nicht minder deutlich sind die Hinweise auf das letzte Mahl Jesu und die eucharistischen Mähler der Urchristenheit: Mk 6, 41 entspricht Mk 14, 22. „In die Berichte von der Brotvermehrung sind Erinnerungen an geschichtliche Mähler Jesu mit seinen Jüngern mit eingegangen. In diesen Geschichten wird die verborgene und doch wahre Epiphanie des erhöhten Herrn gefeiert. Er sammelt seine Gemeinde in (der Wüste) der Welt und speist sie mit seinem Wort und Mahl. Darin wird aber auch das eschatologische Mahl vorweggenommen. Diese Erfahrungen der Kirche sind im historischen Leben Jesu dargestellt.“ [49]

Die Evangelien erzählen drei Totenerweckungen Jesu: die Erweckung der Tochter des Jairus begegnet im Anschluß an Mk 5, 21—43 auch Mt 9, 18—26 und Lk 8, 40—56; die Erwekkung des Jünglings vor den Toren von Nain (Lk 7, 11—17) gehört zum lk Sondergut; die Erweckung des Lazarus in Bethanien steht nur Joh 11, 1—46. Die Exegese erkennt in diesen Erzählungen eine Steigerung der Heilungsvollmacht Jesu zur Überwindung des Todes. Daß es sich nicht um historisch verifizierbare Ereignisse handelt, ist unbestreitbar. Daß die Aussage von der Erweckungsmacht aus der Überlieferung von der Heilungsvollmacht Jesu erwachsen ist, läßt sich traditionsgeschichtlich aus den Texten unschwer erkennen. Mk 5, 23 erzählt, daß die Tochter des Jairus im Sterben liegt, und der Vater bittet Jesus zu kommen, ihr die Hände aufzulegen und sie zu heilen. Der Gang Jesu zu der Sterbenden verzögert sich durch die Heilung der Frau, die ihn unterwegs berührt und aufhält (vgl. Mk 5, 25—34), so daß das Mädchen bereits tot ist, bevor Jesus kommt (vgl. Mk 5, 35). So wird die Bitte um Heilung durch eine Erweckung erhört. Dagegen ist das Mädchen Mt 9, 18 eben gestorben, und der Vater bittet Jesus: „Komm leg' ihr deine Hände auf, und sie wird leben."

Mt hat aus der Bitte um Heilung eine Bitte um Erweckung aus dem eben eingetretenen Tod gemacht. Die lk Erzählung von der Erweckung des Jünglings vor Nain (Lk 7, 11—17) weist innerhalb der lk Komposition eine ähnliche Steigerung auf: Lk 7, 2—10 ist die Heilung des Knechtes des Hauptmanns von Kapharnaum erzählt, der im Sterben liegt. Der Sohn der Witwe von Nain ist bereits tot und wird eben zu Grabe getragen. Die lk Erweckungsgeschichte erinnert wohl deshalb an die Erweckung des toten Knaben durch den Gottesmann Elia (1 Kg 17, 17—24), weil Lk 7, 15 den Text 1 Kg 17, 23 direkt aufnimmt. Das Thema wird in der Elisaüberlieferung wieder aufgegriffen: Elisa erweckt den Sohn der Sunamitin (2 Kg 4, 23—37). Nain liegt in der Nähe von Sunem. Die Anspielung ist also wohl beabsichtigt. Man verweist darauf, daß in dem Motiv der Begegnung unterwegs ein typisches Motiv eines Heilungs- und Erweckungswunders vorliegt.[50] Die wohl mirakulöseste Erweckungsgeschichte bietet Joh 11, 1—46 in der Erweckung des Lazarus: Lazarus liegt bereits den vierten Tag im Grabe und die Verwesung hat schon eingesetzt (Joh 11, 39). Der Kernsatz und die eigentliche Aussagespitze der ganzen Erzählung ist zweifellos das Wort Jesu: „Ich bin die Auferstehung und das Leben" (Joh 11, 25). Es ist die Antwort auf das Bekenntnis der Martha zur Hoffnung auf die apokalyptische Totenerweckung am letzten Tage (vgl. Joh 11, 24). Gegen diese Zukunftshoffnung setzt der joh Christus seine präsentische Auferweckungsmacht, die sich in der Antizipation des Geschehens vom letzten Tage in der Erweckung des toten Lazarus manifestiert. So ist diese Wundergeschichte gerade deshalb mit allem Mirakelglanz versehen, um die Herrlichkeit des über die Erde wandelnden Gottessohnes unübersehbar deutlich zu machen. Die Ablehnung Jesu durch die Hohenpriester und das Synedrion und der Todesbeschluß (vgl. Joh 11, 47 f.53) erhalten von daher ihre Tiefenwirkung.

Zugleich wird deutlich, daß es sich bei dieser Erweckungsgeschichte wohl kaum um einen historischen Bericht handeln kann. Wäre eine Totenerweckung Anlaß für den Todesbeschluß des Hohen Rates und für die Fahndung nach Jesus (vgl. Joh 11, 57) gewesen, so wäre kaum verständlich, daß sich davon in der syn. Tradition und in den Passionsüberlieferungen nichts erhalten hat.

Wie am Beispiel des Motivs der Erweckung deutlich zu sehen ist, geht das Interesse der Überlieferung dahin, Jesus mehr und mehr als den „Gottesmann" zu zeichnen, der über göttliche Macht verfügt, die sich wunderbar kundtut. Die In-Dienst-Nahme solcher Traditionen durch die Evangelisten zugunsten ihrer theologischen Aussage, die, wie die redaktionsgeschichtlichen Untersuchungen zu den Evangelien zeigen, mit dieser Tendenz konkurrieren, fordern Distanz gegenüber dem Wunderbeweis des Neuen Testamentes wie einer späteren kirchlichen Theologie. Der Primat der Lehre Jesu vor seinen wunderbaren Taten ist deutlich, zumal die Evangelien die Taten Jesu als Manifestationen seiner Lehre erscheinen lassen. Es scheint also bereits innerhalb des Neuen Testamentes geboten, die rechte — wohl historisch begründete — Rangfolge nicht in Vergessenheit geraten zu lassen.

4. Ende

a) Todesjahr

Die neutestamentliche Überlieferung wie auch in anderem Zusammenhang bereits genannte antike Texte (s. o. S. 49 f.) bezeugen, daß Jesus während der Regierung des Tiberius in der Amtszeit des römischen Prokurators Pontius Pilatus und des Hohenpriesters Kaiphas den Kreuzestod erlitten hat. Was die Angaben über den amtierenden Hohenpriester angeht, sind die Evangelien nicht einheitlich: Mk nennt keinen Hohenpriester namentlich. Mt 26, 4.57 ist Kaiphas erwähnt, in dessen Haus sich „die Hohenpriester und Ältesten des Volkes" versammeln;

Lk nennt im Anschluß an Mk in seiner Darstellung der Passionsgeschichte keinen Namen, doch hat er beim Auftreten des Täufers die Angabe „... unter dem Hohenpriester Hannas und Kaiphas“ (Lk 3, 2, beide Namen nennt er noch Apg 4, 6 beim Verhör der Apostel.) Auffallend ist der Singular „dem Hohenpriester“, dem dann zwei Namen folgen in Lk 3, 2. Der Sache nach ist dies unmöglich. Joh 11, 49 nennt Kaiphas als den amtierenden Hohenpriester, die joh Passionsgeschichte hingegen führt beide Namen auf (Joh 18, 13—24). Die Lösung dieses Problems ist strittig; möglicherweise hat der 4. Evangelist in seiner Quelle den Namen Hannas vorgefunden und den des Kaiphas aus besserer Kenntnis hinzugefügt. Doch warum hat er dann die Hannasüberlieferung nicht ganz übergangen? Für die historische Frage ergibt sich aus diesem Quellenbefund, daß sie eine genaue Datierung des Todes Jesu nicht tragen. Die Forschung ist also auch in diesem Punkt auf weitere Beobachtungen und Überlegungen angewiesen, die mit den Angaben der direkten literarischen Quellen zusammenzusehen sind.

Die synoptische und johanneische Überlieferung stimmen indes darin überein, daß Jesus an einem Freitag starb und die Entdeckung des leeren Grabes auf einen Sonntag fiel (vgl. Mk 15, 42; Mt 27, 62; Lk 23, 54; Mk 16, 1 parr; Joh 19, 31; 20, 1). Die weitere Charakterisierung dieses Freitags ist jedoch in der synoptischen und johanneischen Darstellung verschieden. Nach Mk 14, 12 parr war dieser Freitag der 1. Tag des Festes, also der 15. Tag des Passamonates Nisan, nach Joh 13, 1.29; 18, 28; 19, 31 der Vortag des Festes, an dessen Abend das Passalamm gegessen wurde, also der 14. Nisan. Alle Versuche, die beiden unterschiedlichen Datierungen zu harmonisieren, sind bislang gescheitert. Die Annahme, daß den beiden Überlieferungen jeweils verschiedene Kalender zugrunde lägen, läßt sich nicht beweisen. „Für die Synoptiker spricht die allgemeine Erwägung, daß ihre Darstellung den Tatsachen näher steht als die johanneische. Ihre Chronologie wäre als richtig erwiesen, wenn Jesu letztes Mahl wirklich ein Passamahl war. Aber als solches ist es erst im sekundären Rahmen des Einsetzungsberichtes aufgefaßt. So muß man mit der Möglichkeit rechnen, daß man nachträglich Jesu Tod auf den 15. Nisan verlegte, um das Abendmahl als Passa darstellen zu können, wobei man in Kauf nahm, daß die Hinrichtung dann am Festtage erfolgte (immerhin kann man nicht mit Sicherheit behaupten, das sei unmöglich; Dalman, J. Jeremias). Im allgemeinen wird die johanneische Chronologie vorgezogen, zumal sie auch Mk 14, 1 f. noch durchzuschimmern scheint (Dibelius). Freilich steckt auch in ihr ein christologisches Motiv: Jesus wird zu dem Zeitpunkt hingerichtet, da man die Passalämmer schlachtet, d. h. er stirbt als das wahre Passalamm (Joh 19, 36; vgl. 18, 28)." [51] Die Unsicherheit läßt sich also nicht völlig ausräumen. Hinzu kommt, daß man der Frage nicht ausweichen sollte, ob die von der gesamten Evangelientradition bezeugte Angabe, daß Jesus an einem Freitag starb, historisch zutrifft. Es ist immerhin nicht von vornherein auszuschließen, daß dieser Tag Ergebnis einer nachträglichen Berechnung ist, die von der Datierung der Auferweckung „am dritten Tage", also am Sonntag als dem ersten Tag der Woche, abhängt.

Trotz dieser Schwierigkeiten, die schwerlich restlos zu beheben sind, hat es Sinn zu fragen, in welchem Jahr unserer Zeitrechnung der 15., bzw. der 14. Nisan auf einen Freitag fiel. Astronomische Berechnungen helfen hier nicht viel, weil der Monatsbeginn nicht astronomisch festgelegt war. Zur Zeit Jesu wurde der Monatsbeginn empirisch nach der Sichtung des Neulichts festgesetzt. Der Neumond ist bekanntlich nicht sichtbar; sichtbar ist nur das Neulicht, ca. 1—2 Tage nach dem Neumond, ein fein leuchtender Faden am westlichen Himmel kurze Zeit nach Sonnenuntergang; wenn der astronomische Neumond bei Beginn der Nacht eintritt: kurz vor Sonnenuntergang am 2. Tage. Am Abend des 29. eines jeden Monats trat die Kalenderkommission der Priesterschaft zusammen und wartete auf Zeugen, die die Sichtung des Neulichtes unter Eid bekunden konnten. Erschienen bis zum Hervortreten der Sterne mindestens zwei glaubwürdige Zeugen, so wurde der neue Monat proklamiert. Heute ist es zwar möglich, die astronomischen

Neumonde zu berechnen. Darum kann die Astronomie den jüdischen Kalender der Zeit Jesu zwar annähernd rekonstruieren, es bleiben aber Unsicherheitsfaktoren! Wenn die astronomische Berechnung ergibt, daß das Neulicht gesehen werden konnte, ist noch nicht erwiesen, daß es auch gesehen wurde, was von der Beschaffenheit der Atmosphäre, der Stärke der Dämmerung u. a. abhängt. Außerdem mußten im Verlauf von 19 Jahren zum Ausgleich der Differenz zwischen Mondjahr und Sonnenjahr 7 Schaltmonate eingefügt werden, und wir wissen nicht, ob in den Jahren zwischen 27 und 33 post Chr. ein Schaltmonat proklamiert wurde. Doch werden beide Unsicherheitsfaktoren durch feste kalendarische Regeln so reduziert, daß sich eine Schwankung von höchstens einem Tag ergibt.[52] Es ergibt sich nach J. Jeremias[53]: „Der 15. Nisan fiel im Jahre 27 wahrscheinlich, in den Jahren 30, 31 und 34 möglicherweise auf einen Freitag; diese Jahre würden also zur synoptischen Chronologie passen. Der 14. Nisan fiel in den Jahren 30 und 33 wahrscheinlich, im Jahre 27 möglicherweise auf einen Freitag, was zur johanneischen Chronologie stimmen würde." Nun scheidet das Passafest des Jahres 27 als Todespassa deshalb aus, weil, wie schon vermerkt, nach Lk 3, 2 Johannes der Täufer im 15. Jahre der Regierung des Tiberius mit seiner öffentlichen Wirksamkeit am Jordan begann, dieses Jahr aber nach syrischer Zählungsweise der Zeit 1. Okt. 27—30. Sept. 28 entspricht. Als terminus post quem darf demnach das Jahr 27 gelten. Terminus ante quem ist das Jahr der Bekehrung des Paulus: es ist das spätest mögliche Datum des Todes Jesu. Dieses Jahr läßt sich berechnen — wenngleich es auch hier die Möglichkeit von Früh- und Spätdatierungen gibt. Nach Apg 18, 12—27 wurde Paulus in Korinth vor dem Prokonsul Gallio angeklagt. Es handelt sich um Lucius Junius Gallio, den Bruder des Philosophen Seneca, der in der in Delphi gefundenen, 1905 edierten sogenannten „Gallio-Inschrift" als Prokonsul von Achaia erwähnt ist.[54] Die Inschrift ist ein Edikt des Kaisers Claudius an die Stadt Delphi und nennt als Abfassungsdatum die Zeit seiner 26. imperatorischen Akklamation und davor — heute unleserlich — das Jahr seiner tribunicischen Gewalt, d. h. das Regierungsjahr. Die genannte 26. Akklamation ist nicht genau datierbar, wohl aber die 27., die am 1. August 52 schon stattgefunden hatte. Nach rückwärts ist die 25. unbekannt, die 24. fand im 11. Jahr der tribunicischen Gewalt des Claudius statt. Die 26. imperatorische Akklamation hat demnach im 12. Jahr der tribunicischen Gewalt des Claudius stattgefunden, das vom 25. Januar 52 bis zum 24. Januar 53 dauerte. Die Abfassung des Ediktes fällt also in die Zeit vom 25. Januar bis 1. August 52. Die Amtszeit eines Prokonsuls in einer senatorischen Provinz, wie Achaia es war, dauerte im Regelfall ein Jahr, und die gewählten Prokonsuln verließen Rom im April. So könnte Gallio sein Amt im Mai angetreten haben. Fragt sich nur, ob er es im Mai 51 oder 52 angetreten hat, ob das kaiserliche Reskript also zu Beginn oder gegen Ende seiner Amtszeit eintraf. Da aber lange Verhandlungen vorausgegangen waren und ein Brief Gallios an den Kaiser erwähnt ist, dürfte Gallio sein Amt wohl im Mai 51 angetreten haben. Obwohl Apg 18, 12—17 nichts dergleichen erkennen läßt, ist es wahrscheinlich, daß die korinthischen Juden bald nach dem Eintreffen des neuen Prokonsuls ihre Anklage gegen Paulus erhoben. Nach Apg 18, 11 weilte Paulus anderthalb Jahre in Korinth und wurde gegen Ende seines Aufenthaltes angeklagt. So kann man seine Ankunft auf Ende 49 oder Anfang 50 und seinen Weggang, der nach Apg 18, 18 nicht lange nach der Szene vor Gallios Richterstuhl angesetzt werden muß, auf Sommer oder Herbst 51 datieren. Diese Datierung wird durch Apg 18, 2 gestützt, wonach Paulus in Korinth ein jüdisches Ehepaar, Aquila und Priscilla, getroffen habe, die „kürzlich" aus Italien gekommen seien, weil Claudius die Juden aus Rom vertrieben habe. Man identifiziert diese Judenvertreibung gern mit der von Sueton, Claudius 25, 4 erwähnten Vertreibung, die in das Jahr 49 post Chr. datiert wird.[55] Der Anschluß nach rückwärts im Leben des Paulus ist schwierig. Eine zuverlässige relative Chronologie bietet Paulus selbst Gal 1, 11—2, 1, allerdings nur für die Zeit zwischen seiner Bekehrung und dem sogenannten Apostelkonvent. Die Datierung dieses Ereignisses ist umstritten: die Bekehrung hat nach dem Galaterbrief ungefähr 16 Jahre vorher stattgefunden, der andere Fixpunkt ist die Ankunft des Paulus in Korinth 49/50. Dadurch ist der fragliche Zeitabschnitt nicht eindeutig festgelegt. Die gern vertretene Spätdatierung nimmt für den Apostelkonvent das Jahr 48 [56] an. Für die Bekehrung kommt man dann auf das Jahr 31/32 (W. G. Kümmel), oder 33/34 (W. Marxsen). Demnach wäre im Falle der Spätdatierung das Jahr 34 post Chr. als Todesjahr Jesu noch möglich. Doch wird dies nicht nachdrücklich vertreten werden können, da zur Zeit der Bekehrung des Paulus die christliche Bewegung bereits bis Damaskus gedrungen ist. Man wird zwischen dem Tode Jesu und dem Stand der Gemeinden, wie Paulus ihn nach seiner Bekehrung antrifft, wohl einige Jahre ansetzen müssen. Demnach dürfte das Jahr 34 post Chr. als Todesjahr Jesu nicht in Frage kommen. Es bleibt also als wahrscheinliche Möglichkeit: Freitag 15. Nisan 30 = 7. April 30 oder — schwächere Möglichkeit — Freitag 14. Nisan 30 = 6. April 30.[57] Man kann mit hinreichender Gewißheit sagen, daß Jesus um das Jahr 30 post Chr. starb, im Alter zwischen 30 und 40 Jahren, ungefähr Mitte Dreißig.

b) Darstellungen der Passion

Vom Leiden und Sterben Jesu ist in der neutestamentlichen Überlieferung nicht aus historischem Interesse die Rede. Die ältesten Formen der Überlieferung weisen deutlich in die Situation der Verkündigung. Es ist zu fragen, warum und auf welche Weise vom Leiden und Tod Jesu in der Verkündigung der Urchristenheit gesprochen wird. Ein Blick auf einige der wichtigsten Formen zeigt mögliche Antworten.

Die Predigt der ersten Gemeinden spricht bereits vom Leiden und Tod Jesu. In der Predigt des Petrus am Pfingstfest in Jerusalem heißt es: „Jesus, den Nazoräer, einen Mann, der von Gott vor euch beglaubigt worden ist durch machtvolle Taten und Wunder und Zeichen, die Gott durch ihn in eurer Mitte getan hat, wie ihr selbst wißt — diesen, der nach Gottes festgesetztem Ratschluß und Vorsatz dahingegeben worden war, habt ihr durch die Hand der Gesetzlosen angenagelt und getötet. Ihn hat Gott auferweckt, indem er die Wehen des Todes löste; denn es war nicht möglich, daß er von ihm festgehalten wurde. David sagt ja von ihm: Beständig habe ich den Herrn vor Augen; er steht mir zur Rechten, ich wanke nicht" (Apg 2, 23 f.). Es ist ein Geschehensablauf referiert: Jesus ist einer, dem die Auslieferung widerfuhr. Die Art seines Todes wird genannt, und es wird konkret gesagt, daß die Hinrichtung durch die Heiden erfolgte. Doch wird das Geschehen nicht einfach historisch referiert, vielmehr soll die Bedeutung des Geschehens erkennbar werden. Die Spitze der Argumentation macht den Einwand sichtbar, gegen den angegangen werden muß: Auslieferung Jesu und sein Tod am Kreuz sind nicht Erweis seiner Verfluchung durch Gott, sondern sie vollziehen sich nach dem Plan Gottes. Im Handeln der Menschen wird Gott als der Herr des Geschickes Jesu sichtbar.

In der angefügten Ereignisreihe, die vom Lösen der Wehen des Todes und der Auferweckung spricht, ist Gott allein der Handelnde. In der ersten Reihe sind Handlungen der Menschen genannt, die sich als solche im Raum der Geschichte vollziehen. Nun ist vom direkten Handeln Gottes die Rede, das sich auf den am Kreuz gestorbenen Jesus bezieht und ihn aus dem Tode erweckt. In der Auferweckung wird der Heilsplan Gottes deutlich, der den Ereignissen der Passion und des Sterbens Jesu den Charakter göttlichen Heilswirkens verleiht.

Dieses Grundschema kann durch weitere Details erweitert und darin erzählerisch ausgestaltet werden, ohne daß der Verkündigungscharakter dadurch beeinträchtigt würde. Er wird vielmehr in eine Richtung gelenkt, die auf die Aneignung des Verkündigten durch den Hörer der Predigt angelegt ist. So sind in der Predigt des Petrus in der Halle Salomons des Jerusalemer Tempels konkrete Einzelzüge in die erste Ereignisreihe aufgenommen, die als historische Erinnerungen in der Gemeinde lebendig gewesen sein mögen: „... ihr habt ihn vor Pilatus verleugnet, obwohl dieser entschieden hatte, ihn freizulassen. Ihr aber habt den Heiligen und Gerechten verleugnet und die Freilassung eines Mörders gefordert ..." (Apg 3, 13—15). Die Predigt ordnet die Ereignisse bereits kerygmatischen Aussagen so zu, daß der innere Sinn dem Hörer deutlich wird: der Heilige und Gerechte wird dem Mörder gegenübergestellt; den Wegführer zum Leben haben sie getötet. In der Predigt des Paulus im Pisidischen Antiochien ist die Grablegung noch eigens erwähnt (vgl. Apg 13, 27—31).

Was die Predigt verkündet, wird im Bekenntnis der Gemeinde festgehalten. Das Bekenntnis erwächst aus der Predigt und entläßt wiederum aus sich die Verkündigung. 1 Kor 15, 3—5 a zitiert Paulus die wohl älteste Bekenntnisformel: „Christus ist gestorben für unsere Sünden nach den Schriften, und er wurde begraben, und er wurde auferweckt am dritten Tage nach den Schriften, und er erschien dem Kephas." Die Ereignisse sind dem historischen Ablauf entsprechend genannt und werden zugleich gedeutet. Der Tod des Christus geschieht „für unsere Sünden" und vollzieht sich gemäß dem Heilswillen Gottes, der in den Schriften verwahrt war und nun in diesem Tod offenbar wird. Die Auferweckung durch Gott — durch das Passivum divinum ausgedrückt — ist als göttliches Heilshandeln ebenso „schriftgemäß". Die beiden anderen Ereignisse haben bestätigende Funktion für das jeweils voranstehende Ereignis: das Begräbnis ist Bestätigung des Todes, die Erscheinung vor Kephas Bestätigung der Erweckung des Christus. Das Leben des Christus und darum auch das Leben derer, die sich zu ihm bekennen, versinkt nicht im Tode, sondern kommt aus dem Tode her. In diesem Bekenntnis stellt sich die Gemeinde als Gemeinde der Glaubenden dar, die die Proklamation des Evangeliums beantwortet und darin ihr eigenes Erkennungszeichen, ihr Symbolon, besitzt.

Auf Grund des Bekenntnisses vermag die Gemeinde das Evangelium von Tod und Auferweckung Jesu im kultischen Lied zu feiern. Hier kommen alle bisher genannten Elemente zusammen: Gottes Handeln an Jesus in der Geschichte und sein Bekenntnis zu ihm in der Erweckung aus dem Tod, die in der Predigt ausgerufen werden, sind im Bekenntnis der Gemeinde angenommen und ausgesprochen und stellen nun die Bekennenden als die Gemeinde Gottes dar, die die Wirklichkeit des Glaubens, aus der sie lebt, im kultischen Leid feiert! Paulus zitiert einen solchen Hymnus: „Der in der Daseinsweise Gottes sich befand, hielt nicht gierig daran fest, Gott gleich zu sein, sondern er entäußerte sich selbst, Sklavendasein annehmend, ein Gleichbild der Menschen wurde er; und im Äußern erfunden als Mensch, erniedrigte er sich selbst und wurde gehorsam bis zum Tod, ja zum Kreuzestod. Deshalb hat Gott ihn auch so sehr erhöht und ihm den Namen, der über jedem Namen ist, geschenkt, damit im Namen Jesu jedes Knie sich beuge der Himmlischen und Irdischen und Unterirdischen und jede Zunge bekenne: Herr ist Jesus Christus zur Ehre Gottes des Vaters" (Phil 2, 6—11).[58] In einem anderen urchristlichen Hymnus, der 1 Petr 3, 18—22 aufgenommen ist, ist der descensus ad inferos genannt.

Man darf also festhalten: Die ältesten Formen der Überlieferung von Leiden, Tod und Auferweckung Jesu stellen die Passion als einen Geschehensablauf dar, der noch nicht bis ins letzte fixiert ist. Immer enthalten sind: Auslieferung, Tod Jesu, Erweckung durch Gott. Die Ereignisse sind als Einheit betrachtet und als solche häufig unter Berufung auf die Schrift als Gottes Heilstat gekennzeichnet. Dies geschieht von Anfang an im Blick auf die Gemeinde, die das Wort der Verkündigung hört, im Bekenntnis ausspricht und im Lied feiert.

Alle vier Evangelien des Neuen Testamentes enthalten eine Passionsgeschichte. Traditionsgeschichtlich gesehen liegt sie in zwei selbständigen Überlieferungen vor: Mk 14 und 15 — parallel laufen die Fassungen des Mt und Lk — und Joh 18 und 19. Sie stimmen in der Abfolge wie in der Art der Berichte, jedoch nicht in den Einzelheiten des Inhaltes, von der Gefangennahme Jesu bis zur Grablegung (Mk 14, 32—15, 47; Joh 18, 1—19, 42) überein. Aus der joh Darstellung kann eine Überlieferung annähernd rekonstruiert werden, die mit Mk verwandt ist, aber auch zusätzlichen und abweichenden Stoff enthält. Freilich gelingt solche Rekonstruktion nicht lückenlos.[59]

„Diese gemeinsame Darstellung dürfte der Grundbestand der Passionsgeschichte sein, der erst allmählich durch die Stücke in Mk 14, 1—31 und darüber hinaus durch Einzug, Tempelreinigung und Vollmachtsfrage nach rückwärts erweitert wurde. Sie verbindet bei Markus formgeschichtlich gesehen einen fortlaufenden summarienhaften Bericht mit einzelnen von Hause aus selbständigen Perikopen." [60] Dieser fortlaufende Bericht entspricht den bereits genannten Summarien der Petruspredigten der Apostelgeschichte (s. o.) und der dritten Leidensankündigung Mk 10, 33 f., die in ihrer ausführlichen Anschaulichkeit bereits eine im Grundbestand vollständige Passionserzählung voraussetzt. Er dürfte also aus der missionarischen Verkündigung erwachsen sein. Daß erst Markus diesen Bericht konzipiert hat, ist unwahrscheinlich. Im einzelnen gehen die Meinungen nicht ganz konform, was als Grundbestandteil der Vorlage zu gelten hat. Doch wird in manchen Details auch bemerkenswerte Übereinstimmung deutlich. So vermutet R. Bultmann, Die Geschichte der synoptischen Tradition, Göttingen [8]1970, Ergänzungsheft [4]1971, bearbeitet von G. Theißen und P. Vielhauer, S. 301 f. Grundbestandteile der Vorlage in Mk 14, 43—52.53a; 15, 1—5.15b.20b—24a. (27.) 37. V. Taylor, The Gospel According to St. Mark, London 1966: Mk 14, 1 f., 10 f., 17—21.26 bis 31.43—46.53a; 15, 1.3—5.15.21—24.26.29 f., 34—37.39.42 bis 46. Doch gibt es auch den anderen Vorschlag [61], es habe zur Passion und zu den Ostererscheinungen vor Markus nur einen Zyklus von Einzelerzählungen gegeben, die jeweils frei verbunden wurden. Dem traditionsgeschichtlichen Befund wird diese Annahme weniger gerecht. Eine gestraffte Analyse der Passionsgeschichte des Markusevangeliums kann die Problematik der historischen Fragestellung verdeutlichen.

Einzug in Jerusalem (Mk 11, 1—10)

Es steht historisch fest, daß Jesus nach Jerusalem kam. „Sicher ist jedenfalls, daß Jesus nach Jerusalem zog, um sein Volk im Zentrum, am Sitz des Tempels und der obersten Behörde vor die letzte Entscheidung zu stellen. Natürlich mußte sein Auftreten von der Führung des Volkes als Angriff auf die Grundlagen der Religion und des Volkes aufgefaßt werden." [62] Kaum auszumachen ist die Dauer seines Jerusalemer Aufenthaltes. Nach der Darstellung des Markusevangeliums spielt sich alles in einer Woche ab. Die Form der Einzugserzählung ist legendär: dargestellt ist der messianische Einzug des Davididen. Die Beschaffung des Reittieres ist aus Sach 9, 9 herausgesponnen; Mt 21, 5 zitiert denn auch diese Stelle. In der überlieferten Form — vollends nach Mt, der Jesus auf zwei Eseln reiten läßt, was aus einem Mißverständnis des Parallelismus von Sach 9, 9 resultiert — ist der Vorgang historisch undenkbar.

Tempelreinigung (Mk 11, 15—19)

Es ist fraglich, ob die Perikope, die keinen direkten Bezug zur Passion hat, ursprünglich zur Leidensgeschichte gehörte. So kann — wie schon erwähnt — das 4. Evangelium sie ohne weiteres an den Beginn der Wirksamkeit Jesu stellen (vgl. Joh 2, 13—22). In ihrer jetzigen Form handelt es sich um eine „ideale Szene", in deren Zentrum das Schriftwort in Mk 11, 17 (alttestamentliches Mischzitat aus Jes 56, 7; Jer 7, 11; Sach 14, 21; Jes 60, 7) steht. Dahinter kann sehr wohl ein historischer Vorgang vermutet werden, doch ist er weder als Signal zum Aufstand oder auch nur als Zeichen der revolutionären Gesinnung Jesu zu werten. Man kann auch fragen, ob sich alles so abspielen konnte. Immerhin gab es jüdische Tempelpolizei und römisches Militär im Tempel bzw. in unmittelbarer Nähe.

Die Reden und Gespräche Mk 11, 27—13, 37 gehören nicht zum ursprünglichen Bestand der Passionsgeschichte.

Beginn der Passion (Mk 14, 1—11)

Die Notiz vom Todesbeschluß durch die Hohenpriester und die Schriftgelehrten (Mk 14, 1 f.) dürfte wohl den Beginn der dem Mk vorliegenden Passionsdarstellung gebildet haben. Der Text findet seine unmittelbare Fortsetzung in Mk 14, 10 f., der Auslieferung Jesu durch Judas Iskarioth. Die Erzählung von der Salbung in Bethanien gibt sich als ursprünglich eigenständiges Stück zu erkennen (Mk 14, 3—9), das wohl erst der Evangelist hier eingeschoben hat. Ein Blick in die Überlieferungsgeschichte dieses Motivs bestätigt dies: die einzige direkte Parallele innerhalb des Neuen Testamentes bietet — ebenfalls im Rahmen der Passionsgeschichte — Mt 26, 6—13. Lk hat das Motiv von der Salbung Jesu durch eine Frau, ebenfalls im Hause eines Pharisäers namens Simon, doch ohne den Bezug zur Passion Jesu in der „kleinen Einschaltung" als Sondergut (Lk 7, 36—50); im Rahmen der Passionsgeschichte übergeht er den Stoff. Joh 12, 1—8 ordnet eine entsprechende Erzählung der Passionsgeschichte vor: sie enthält wohl den Hinweis auf das Begräbnis, doch spielt die Szene im Hause des Lazarus und seiner Schwestern in Bethanien. Die salbende Frau ist Maria von Bethanien. Die joh Version steht näher bei Mt als bei Lk. Die Salbung Jesu durch eine Frau war in der Tradition verankert und bot Anlaß zu verschiedenartiger Ausgestaltung. Mk wird das Stück hier eingefügt haben, um zu Beginn der Leidensgeschichte auf den österlichen Gang der Frauen, die Jesu Leichnam salben wollen, hinzuweisen (vgl. Mk 16, 1).

Es ist darauf hinzuweisen, daß hier — bereits in der dem Mk vorgegebenen Tradition — eines der gewichtigen Verkündigungswörter der Passion begegnet: παραδιδόναι (= ausliefern).[63] Judas liefert Jesus an das Synedrion aus (Mk 14, 10 f.; 33 — vgl. schon 1 Kor 11, 23), dieses an Pilatus (Mk 15, 1), Pilatus an die Soldaten zur Hinrichtung (Mk 15, 15). Der Sinn des Wortes verschiebt sich jeweils: vom generellen Preisgeben durch Judas bis zum technischen Sinn der Gerichtssprache bei Pilatus. Alle Beteiligten werden „gleichsam durch ihre Situation gedrängt, Jesus auszuliefern, wenn sie sich im Bisherigen behaupten wollen. Dies besagt zugleich, daß Jesus diese Reaktion gleichsam provoziert hat" [64].

Abendmahl und Bezeichnung des Verräters (Mk 14, 12—25)

Bereits in der ältesten Tradition (1 Kor 11, 23—26) ist das Abendmahl als letztes Mahl Jesu mit seinen Jüngern vor seiner „Übergabe" dargestellt. In der Rahmung der mk Passionsgeschichte und der hiervon abhängigen Darstellungen des Mt und Lk erscheint es als Passamahl, während dieser Aspekt bei Johannes unmöglich ist. Näheres wurde bereits bei der Erörterung der Chronologie der Passion Jesu genannt. Man kann mit Sicherheit sagen, daß die Abendmahlstexte der synoptischen Evangelien und des Paulus bewußt als Sakramentsstiftung gestaltet sind. Insofern ist die formgeschichtliche Charakterisierung gerechtfertigt, daß es sich um eine Art „Kultlegende" der christlichen Sakramentsfeier handelt, die den Tod Jesu und zwar in seiner Deutung als Heilstod für die Menschen bereits voraussetzt. Damit ist die historische Frage nach dem letzten Mahl Jesu mit seinen Jüngern noch nicht entschieden. Daß Jesus ein solches Mahl gehalten hat, braucht nicht in Zweifel gezogen zu werden. Die Frage aber, ob dieses Mahl die dem Herrenmahl der späteren Gemeinde eigene Ausrichtung der Deutung auf Jesu Heilstod in sich schloß, hängt mit der anderen zusammen, ob Jesus selbst seinen Tod bereits in dieser Weise sehen konnte, oder ob diese Sicht erst der nachösterlichen Gemeinde unter dem Eindruck der Ostererfahrung rückblickend möglich war. Die Antworten sind kontrovers.[65]

Die Bezeichnung des Verräters (Mk 14, 18—21), die der Darstellung des Abendmahles vorangestellt ist, ist in der überlieferten Form aus Ps 41, 10 herausgesponnen und mit den Worten des Psalms erzählt. Joh 13, 18 ist das Wort direkt zitiert. Die Frage, ob eine historische Erinnerung der Überlieferung zugrunde liegt, ist offen. Es sei hier gleich darauf aufmerksam gemacht, daß die Gestalt des Judas in der neutestamentlichen Überlieferung offensichtlich mehr und mehr polemisch gezeichnet ist: Joh 12, 6 wird sein Einwand, man hätte das Geld für die kostbare Salbe den Armen geben können, dadurch entkräftet, er sei ein Dieb gewesen und habe in die eigene Tasche gewirtschaftet. Psychologische Erklärungen: er sei aus Enttäuschung über den ungünstigen Verlauf, die die Reaktionen auf die Wirksamkeit Jesu genommen hätten, und angesichts des Scheiterns Jesu zum Selbstmord getrieben worden, werden der Überlieferung nicht voll gerecht. Einzig Mt 27, 3—10 weiß von der

Verzweiflungstat des Judas zu berichten und bringt den Flurnamen „Blutacker“ auf Grund eines Reflexionszitates (vgl. Sach 11, 12 f.; Ex 9, 12 LXX; Jer 32, 7—9; 18,2—4; 19,1—15), das als Wort des Propheten Jeremia ausgewiesen wird, mit dem „Blutgeld“ des Judas in Verbindung, das als Kaufpreis für den Acker gegeben wird. Dagegen kommt der Name nach Apg 1, 15—20 daher, daß Judas selbst sich ein Landgut kaufte und dort unglücklich ums Leben kam — von Selbstmord ist in dieser Überlieferung nichts gesagt, auch ist nicht sichtbar, daß sein Tod noch mit den Ereignissen der Passion Jesu zeitlich zusammenfiele. Die beiden Überlieferungen lassen sich nicht harmonisieren. Beiden gemeinsam ist, daß Judas als Verräter Jesu bezeichnet ist und sein Tod im Zusammenhang mit dieser Tat gesehen wird.

Gethsemane (Mk 14, 32—42)

Die Erzählung trägt legendarischen Charakter, der innerhalb der synoptischen Ausgestaltung verstärkt wird, wie besonders die lk Version zeigt: Ein Engel stärkt Jesus, und sein Schweiß rinnt wie Blut zur Erde (Lk 22, 43 f.). Die Stelle ist textkritisch unsicher. Das 4. Evangelium kennt wohl das Motiv der Erschütterung Jesu angesichts der Stunde der Passion, kann es aber innerhalb der Leidensgeschichte aus Gründen der joh Christologie nicht bringen. So wird es an den Schluß des 1. Teiles des Evangeliums gestellt und zugleich ausdrücklich korrigiert: „Nun ist meine Seele betrübt und was soll ich sagen: Vater, rette mich aus dieser Stunde? Aber deshalb bin ich doch in diese Stunde gekommen! Vater, verherrliche deinen Namen!“ (Joh 12, 27 f.). Gerade die joh Darstellung der Gefangennahme zeigt Jesus als Herrn der Passion (vgl. Joh 18, 4—9). Die Erzählung gehört wohl kaum zum Bestand der Mk vorgegebenen Fassung.

Gefangennahme Jesu (Mk 14, 43—52)

Die Erzählung knüpft an die Weissagung von der Flucht der Jünger und der Verleugnung des Petrus an (Mk 14, 27—31). Darin ist die Gefangennahme Jesu als Erfüllung des Schriftwortes Sach 13, 7 gedeutet: „Ich werde den Hirten schlagen und die Schafe der Herde werden sich zerstreuen!" Gott selbst führt den Schlag gegen Jesus und die Gemeinde der Jünger. Die theologische Reflexion der Urchristenheit ist hier wohl bis in die Tiefe der Passion Jesu vorgedrungen. Gott selbst ist es, der Jesus ausliefert. Das legendarische Motiv des Judaskusses bringt dies in deutlichem Kontrast zum Ausdruck. Es wird wohl historisch zutreffen, daß einer der Anhänger Jesu an der Gefangennahme beteiligt war.

Jesus vor dem Hohen Rat, Verleugnung des Petrus
(Mk 14, 53—72)

Nach der Darstellung der Evangelien wurde Jesus zwei Gerichtsverhandlungen unterworfen: einem Prozeß vor dem Synedrion und einem vor Pilatus.[66] Das in diesem Zusammenhang meist diskutierte Problem ist das der Zuordnung beider Verhandlungen. Besaß das Synedrion die Blutgerichtsbarkeit und — wenn ja — in welchem Umfange? Mußte es Todesurteile durch den Prokurator bestätigen lassen? Oder waren diesem Kapitalprozesse reserviert? Die Rollen sind dann verschieden gewichtig: Entweder hätte das Synedrion das Todesurteil gefällt und Pilatus allenfalls den Befehl zur Exekution gegeben, oder der Prozeß vor dem Synedrion wäre kein eigentlicher Prozeß mit Urteilsverkündung gewesen, sondern nur eine Vorverhandlung informatorischen Charakters. Nach Darstellung der Evangelien haben aber beide Instanzen einen Prozeß mit Urteilsverkündung geführt.

Die Art und Weise, wie Pilatus gezeichnet ist, zeigt die Tendenz der Traditionsgeschichte. Mk 15, 10 stellt fest, daß Pilatus wußte, die Hohenpriester hätten Jesus aus Neid überliefert — was sicher polemisch ist. Nach Mt 27, 24 f. wäscht er seine Hände in Unschuld, seine Frau bezeugt Jesu Gerechtigkeit (Mt 27, 19). Nach Lukas beteuert Pilatus wiederholt die Unschuld Jesu (Lk 23, 4.14.20.22), sogar Herodes bezeugt sie (Lk 23, 15). Schließlich verurteilt er Jesus unter Druck und unwillig (vgl. Lk 23, 23—25). Das vierte Evangelium schließlich schildert lange Verhandlungen des Pilatus, in denen er sich um die Möglichkeit bemüht, Jesus freigeben zu können (vgl. Joh 18, 29—19, 16). Die Tendenz, Pilatus zu entlasten und die Juden zu belasten, setzt sich in der apokryphen Literatur fort: vgl. Acta Petri et Pauli § 40—42, in Übersetzung bei E. Hennecke — W. Schneemelcher, Neutestamentliche Apokryphen in deutscher Übersetzung I Tübingen [3]1959, S. 353 f.; ferner: ebd., S. 356—358, Nr. 3. Die Frage K. H. Schelkles ist berechtigt: „Beginnt der Antisemitismus im Neuen Testament?" [67]

Die Verhörszene ist zweifellos durch die Urchristenheit gestaltet worden. Dabei dominierte das christologische Interesse: es soll deutlich hervortreten, daß Jesus wegen seines Messiasanspruches verurteilt wurde. Diesen erhebt er denn auch auf die Hohepriesterfrage eindeutig in einer gedrängten kerygmatisch formulierten Aussage (vgl. Mk 14, 61b f.). Der Hohepriester qualifiziert diesen Anspruch als Gotteslästerung, was Jesu Verurteilung zum Tode bedeutet (vgl. Mk 14, 63 f.). Es war aber im Judentum kein Kapitalverbrechen und keine Gotteslästerung, messianische Ansprüche zu erheben. Es konnte wohl sein, daß diese Ansprüche sich nicht erfüllten. Aber der Anspruch als solcher war keine Blasphemie. Kann Jesus dann auf Grund eines solchen Anspruches vom Synedrion zum Tode verurteilt worden sein? Man wird wohl den Vorwurf der Blasphemie gesondert veranschlagen müssen. Es ist aber nicht mehr deutlich zu erkennen, wie er begründet wurde. Aber selbst wenn sich hierfür — was durchaus möglich ist — Einzelheiten nennen lassen, so ist damit die Historizität eines Prozesses vor dem Synedrion noch nicht erwiesen. Solche Gründe könnten sein: die Freiheit Jesu gegenüber dem Gebot der Sabbatheiligung (vgl. Mk 2, 23—28), obwohl hiervon in der Passionsüberlieferung nichts enthalten ist. Ein Zusammenhang ist indes — möglicherweise aus vormarkinischer Redaktion — in Mk 3, 6 zu sehen: der Todesbeschluß der Pharisäer und Herodianer erfolgt auf Grund einer Heilung, die Jesus am Sabbat vollzieht. Anders verhält es sich mit Jesu kritischer Haltung gegenüber dem Tempel. Ein Wort vom Abreißen des „von Händen erbauten" Tempels wird als falsche Zeugenaussage Mk 14, 58 im Prozeß vor dem Hohenpriester genannt. Mt 26, 61 ist das Wort noch verschärft, indem vom „Tempel Gottes" die Rede ist. Im Prozeß gegen Stephanus wird eine Version zitiert, nach der mit dem Zerstören des Tempels ausdrücklich die Überlieferungen des Mose außer Kraft gesetzt werden (vgl. Apg 6, 14). Nur Joh 2, 19 begegnet es als Wort im Munde Jesu, wiederum in anderer Gestalt und auf Jesu Passion und Erweckung bezogen (vgl. Joh 2, 21). Man darf vermuten, daß es ein solches Tempelwort gab, wenn auch die genaue Form und der ursprüngliche Sinn nicht ganz feststehen.[68]

Die Erzählung von der Verleugnung des Petrus (Mk 14, 66—72) stellt die Erfüllung des anderen Teils der Verheißung Jesu Mk 14, 30 dar. Das dreimalige Wiederholen der Verleugnung, deren Grad sie steigert, entspricht volkstümlichem Erzählstil.[69] Die Erzählung selbst ist legendarisch und literarisch. Die Lk 22, 31 f. vorgegebene Tradition spricht von der Treue des Simon auf Grund der Fürbitte Jesu, kennt also die Verleugnungsgeschichte nicht.[70]

Ein eigenes Diskussionsthema bildet die Tatsache, daß die Verhandlung vor dem Synedrion nicht mit der jüdischen Strafprozeßordnung übereinstimmt, wie sie im Traktat Sanhedrin der Mischna vorliegt. Es ist wohl zutreffend, daß diese Bestimmungen damals noch nicht in Kraft waren (J. Blinzler). Die anderen Vorschläge: es habe sich nicht um einen eigentlichen Strafprozeß gehandelt, so daß die Strafprozeßordnung gar nicht habe angewendet werden müssen, oder man habe den Prozeß Jesu unter Mißachtung der Strafprozeßordnung geführt, sind unwahrscheinlich. „Aber man muß darüber hinaus feststellen, daß in allen Versuchen, den wirklichen Hergang zu rekonstruieren, mit mehreren Unbekannten gearbeitet wird, da wir kein Protokoll des Verhörs besitzen. Es ist methodisch abwegig, den jetzigen Bericht wie ein solches Protokoll auszuwerten: er ist Glaubenszeugnis." [71]

Verhör vor Pilatus und Verspottung Jesu (Mk 15, 1—32)

Pontius Pilatus (Josephus, Ant XVIII 35.55—62.85—89.177;

Bell Jud II 169—177; Philo, Leg 299—305; Tacitus, Ann XV 44), römischer Ritter, hatte 26 post Chr. die Prokuratur in Judäa erhalten, wohl um den Einfluß Sejans zu festigen. Entsprechend energisch trat er auch auf. Es kam in seiner Amtszeit zu häufigen Zusammenstößen mit den Juden. „Nach dem Sturz Sejans und seiner Partei befand sich Pilatus in einer Zwangslage. Sie scheint von den Juden dazu ausgenutzt worden zu sein, eine legale Verurteilung Jesu zu erreichen ... Daß Pilatus die Verurteilung eines Messiasprätendenten in einem Bericht nach Rom erwähnte, ist an sich möglich. Sein überlieferter Brief an Tiberius hat jedoch nur legendaren Wert." [72] Im Winter 36/37 post Chr. wurde er durch Vitellius, den Hegemon von Syrien, abgesetzt und zur Verantwortung nach Rom gesandt, wo er nach Eusebius h. e. II 7 zum Selbstmord gezwungen worden sein soll.

Mk 15, 2 eröffnet Pilatus das Verhör mit der Frage, die offenbar die Anklage nennt: „Bist du der König der Juden?" Jesus bestätigt diese Frage. Nach der Selbstbezeichnung Jesu ist eigentlich jedes weitere Verhör überfällig. Der Titulus über dem Kreuz (Mk 15, 26) nennt Jesus mit demselben Titel und gibt ihn als causa für seine Hinrichtung aus. Mit dieser Überlieferung konkurrieren Mk 15, 3—5, die von den Anklagen der Hohenpriester sprechen, die inhaltlich nicht präzisiert sind. Die Beobachtung, daß der Titel „König der Juden" im Prozeßverlauf keine Rolle mehr spielt, lediglich im Munde des Pilatus in der Barabbasszene (Mk 15, 6—15) zweimal genannt wird, trägt den Vorschlag, Mk 15, 2.26 als sekundär anzusprechen, nur formal. Die Bezeichnung „König der Juden" meint den messianischen König — so von Josephus Ant 14, 36 für Alexander Jannai, 16, 311 für Herodes gebraucht. (Die Martyrium Polycarpi 9, 3; 17, 3 verwendete Bezeichnung „König der Christen" für Jesus ist direkte Anknüpfung an die jüdische Bezeichnung.) Demnach steht Jesus als Messiasprätendent vor dem Richterstuhl des römischen Prokurators und wird als solcher verurteilt. Das ist historisch durchaus plausibel: für den Römer mußte der messianische Anspruch als Hochverrat gelten. Was also vor dem

Synedrion schwerlich Grund für ein Todesurteil sein konnte, vor dem Prokurator muß es einer sein.

Die Episode mit Barabbas ist literarisch eine sekundäre Einlage in die Darstellung des Verhörs. Ob sie inhaltlich als legendarisch anzusehen ist, kann nicht entschieden werden. Es wird gerne darauf aufmerksam gemacht, daß von einer solchen Festamnestie außerhalb der Evangelien nichts bekannt sei. Man kann indes auf den Mischnatraktat Pesachim VIII, 6a verweisen, wo ausdrücklich festgelegt ist, daß man für einen Gefangenen, dem man versprochen hat, ihn aus dem Gefängnis zu entlassen, mitschlachten darf. J. Blinzler, Der Prozeß Jesu, S. 318 möchte daraus schließen, „daß die Freilassung eines israelitischen Gefangenen kurz vor dem Abend des Paschamahles, d. h. am 14. Nisan, mindestens häufig, höchstwahrscheinlich aber regelmäßig erfolgte. Also bildet diese Mischnastelle in der Tat eine beachtenswerte Stütze der ntl. Angaben über die Osteramnestie“ [73]. Es ist durchaus denkbar, daß der römische Prokurator die jüdische Amnestiesitte übernommen hat. Das römische Recht kennt die abolitio (Niederschlagung der Anklage vor dem Urteil) und die indulgentia (Begnadigung nach ergangenem Urteil). Die abolitio — um die es im Falle Jesu geht — wurde gerne bei großen Festen, aber im allgemeinen nur von souveränen Herrschern geübt, in diesem Falle hätte sie also dem Caesar zugestanden. Doch scheint sich aus Plinius jun. X, 40 zu ergeben, daß dieses Recht auch von Prokonsuln und Legaten ausgeübt werden durfte: Erant tamen qui dicerent, deprecantes iussu proconsulum legatorumve dimissos.[74] Der Mk 15, 7 genannte Barabbas — nach Mt 27, 16 Jesus Barabbas, doch ist die Stelle textkritisch unsicher — hat bei einem Aufstand gemordet. Die mit ihm gefangen sind und hernach offenbar mit Jesus gekreuzigt werden, sind Mk 15, 27 als λησταί = Räuber bezeichnet. Joh 18, 40 wird Barabbas selbst ausdrücklich als solcher bezeichnet. Bei Josephus bezeichnet das Wort durchweg die Zeloten, die den bewaffneten Kampf gegen die römische Herrschaft zum Inhalt ihres Lebens gemacht hatten. Die Strafe der Römer für Zeloten, wenn sie ihrer habhaft wurden, war das

Kreuz. Sie behandelten sie also nicht als Straßenräuber und Wegelagerer, wie sie sie geringschätzig nannten, sondern als politische Verbrecher. In ihrer Bezeichnung als „Räuber" kommt lediglich die politische Sicherheit und das Gefühl der völligen Überlegenheit der Römer zum Ausdruck.[75] Wie schon die Bezeichnung „König der Juden" für Jesus zeigt, macht der Tausch mit einem Zeloten und die Kreuzigung zusammen mit zwei Mitgliedern dieser Bewegung deutlich, daß Jesus offenbar als zelotischer Führer verurteilt und hingerichtet wurde. Der Versuch, ihn vor Pilatus in die zelotische Bewegung einzuordnen und damit zu Fall zu bringen, läßt die Entscheidung der jüdischen Führer für den Zelotismus und gegen den jesuanischen Anspruch erkennen. Diese Beobachtungen rechtfertigen durchaus die Vermutung, daß sich im Prozeß vor Pilatus historische Erinnerungen erhalten haben.

Aus der kurzen Notiz Mk 15, 15 geht hervor, daß die Geißelung der Kreuzigung vorausging, wie es bei den römischen Hinrichtungen üblich war.[76] Aus Joh 19, 1—7 geht hervor, daß Pilatus die Geißelung als selbständige Strafe verfügte, nach der joh Darstellung in der Hoffnung, daß die Juden dann von ihrer Kreuzigungsforderung abgehen würden. Dies dürfte in der bereits festgestellten Tendenz der Evangelientradition begründet sein, Pilatus zuungunsten der Juden zu entlasten.

Die Erzählung von der Verspottung des Gegeißelten (Mk 15, 16—20) ist ursprünglich selbständige Überlieferung und wohl erst von Markus in die vorgegebene Passionsdarstellung eingefügt worden. Zweifellos bezieht sich die Verspottung auf den „König der Juden": der Purpur soll die Tracht der Imperatoren und Caesaren vorstellen.[77] „Der Akanthuskranz ist parodistischer Ersatz des goldenen Blätterkranzes, wie ihn z. B. die ersten Makkabäerfürsten als Vasallen des seleukidischen Reiches trugen (1 Makk 10, 20) und wie ihn nach einer im rabb. Schrifttum mehrfach bezeugten volkstüml. Vorstellung auch der Messiaskönig trägt." [78] Der huldigende Ruf entspricht eher dem römisch üblichen „Ave Caesar" (Macrobius sat. II 4, 29), Kniefall und Prostration gehören sonst zum Zeremoniell orientalischer Könige. Zu dieser Verspottungsszene gibt es interessante Parallelen: König Agrippa wird bei seinem Einzug in Alexandrien vom Pöbel verspottet, indem ein Mimus aufgeführt wird, in dem ein Blöder mit Papierkrone, Decke als Umhang und Rohr als Szepter parodisierte Zeremonien einer königlichen Audienz entgegennimmt (Philo Flacc 36—39. — Weitere Analogien nennt E. Schweizer, Das Evangelium nach Markus [NTD 1] Göttingen 1967, S. 197). „Um solcher ferneren und näheren Analogien willen ist es möglich, daß dieser Vorfall in der Passion Jesu auf eine Soldatensitte zurückzuführen ist, welche einen ursprünglichen Festesbrauch zu einer rohen Belustigung mit Verurteilten depraviert.“ [79] — Die Szene spielt im „Palast“ oder im Innen-„Hof“. Das griechische αὐλή kann beides bedeuten. Die Frage, woher die Urgemeinde Kenntnis von dieser Szene hatte, können wir nicht beantworten.

Kreuzigung Jesu (Mk 15, 20b—32)

Der Abschnitt enthält einen einfach erzählten, offenbar sehr alten Kreuzigungsbericht, den man in den Versen 20b—24a vermutet. Die Verbformen sind präsentisch und nur durch die Partikel καί (= und) aneinandergefügt. Lediglich V. 23 steht im Präteritum. Das Zitat Ps 22, 19 in V. 24 dürfte später hinzugewachsen sein. V. 25 bringt nachträglich eine Zeitangabe und wiederholt „und sie kreuzigten ihn“ von V. 24. Daß hier ein zweiter Bericht eingearbeitet sei, bleibt Vermutung. „Hingegen dürfte das ‚und‘ (sc. in V. 25) an Stelle eines ‚als‘ stehen und Volkssprache verraten.“ [80] V. 25 lautete dann: „Es war aber die dritte Stunde, als sie ihn kreuzigten.“ Man könnte dann lediglich erkennen, daß den ersten Erzählern, bzw. dem Evangelisten, das Stundenschema besonders wichtig war.

Die Notiz über Simon von Kyrene ist aufgenommen, weil man wohl seine beiden Söhne noch kannte, die Mt 27, 32 par Lk 23, 26 nicht mehr namentlich genannt werden. Man kann fragen, ob der Röm 16, 19 genannte Rufus mit dem Sohn gleichen Namens des Simon identisch ist. Jesus trug den Querbalken des Kreuzes, das patibulum, wie es zur römischen Hinrichtung gehörte, selbst zum Richtplatz (Cicero, pro Rabirio 3, 10). Warum Simon gezwungen wurde, Jesus das Kreuz abzunehmen, ist nicht gesagt. Sicher ist, daß der Evangelist im Anschluß an Mk 8, 34 vom „aufnehmen" (ἀράτω — ἄρῃ) des Kreuzes spricht und darin die Nachfolge Jesu dargestellt sieht (vgl. Lk 23, 26 mit Lk 9, 23; 14, 27).

Golgotha ist Transkription von aram. *golgoltha,* hebr. *gulgoleth* und schon Ri 9, 53, 4 Kg 9, 35 (LXX) durch κρανίον wiedergegeben. Daher: Γολγοθὰ τόπος = Κρανίου τόπος (Lk 23, 33: ἐπὶ τὸν τόπον τὸν καλούμενον Κρανίον) = calvariae locus — wohl ein schädelförmiger Hügel. Erst christliche Legende weiß, daß hier Adams Grab war, und erst in ihrer späten Form dient sie zur Erklärung des Namens.[81] Ursprung der Legende dürften die paulinischen Aussagen über Adam und Christus sein: Röm 5, 12—21; 1 Kor 15, 21f. 45—49. „Der Ort, wo 335 die Grabeskirche vollendet wurde, kann ungefähr das alte Golgatha sein, da er damals noch außerhalb der Stadtmauer lag." [82]

Die Tränkung mit gewürztem Wein ist jüdischer Brauch, für den man sich auf Prov 24, 74 berief.[83] Mt 27, 34 ersetzt das mk „Myrrhe" durch „Galle" im Anschluß an Ps 69, 22. Mt erkannte wohl in der Mk 15, 36 erwähnten Essigtränkung des Gekreuzigten, die er Mt 27, 48 übernahm, das Psalmwort: „Sie gaben mir Galle zur Speise, für den Durst reichten sie mir Essig" (Ps 69, 22 LXX). So brachte er dann den ersten Versteil mit der Weintränkung in Verbindung und änderte die Markusvorlage entsprechend. Dadurch hat er den ursprünglichen Sinn der Weintränkung verstellt, der in der Betäubung und nicht in der Peinigung bestand. Die Kleiderverteilung ist mit den Worten von Ps 22, 19 beschrieben. Ähnlich wie Ps 69, 22 ist der Vers formal als Parallelismus gehalten. Mt 27, 34.48 hat die beiden Glieder als zwei Vorgänge aufgefaßt. Ähnlich geschieht es Joh 19, 23 f. mit Ps 22, 19: die Kleider werden verteilt und der Rock verlost, was Joh mit der Besonderheit des ungenähten Leibrockes erklärt. Das Psalmwort meint aber einen einzigen Vorgang, nämlich Verteilung durch das Los. Der Brauch der Kleiderverteilung bei römischen Hinrichtungen läßt sich nicht nachweisen, obwohl er vorstellbar ist. Man wird damit rechnen müssen, daß die Urchristenheit „diesen Zug erst in ihrer Bibel gefunden hat“ [84].

Die Art der Kreuzigung hat kein Evangelist beschrieben. „Die aus dem Orient stammende, dem jüdischen Recht unbekannte Strafe der Kreuzigung wurde bei den Römern, die sie von den Puniern übernommen hatten, über Schwerverbrecher, wie Tempelräuber, fahnenflüchtige Soldaten, Hochverräter und Aufrührer (Justinianos, Dig. 48, 13, 6 pr.; 48, 19, 28, 15; 48, 19, 38, 1 f.; 49, 16, 3, 10) — soweit sie nicht das röm. Bürgerrecht besaßen (Cicero, In Verrem II 5, 62, 162—165) —, verhängt und galt als 'crudelissimum taeterrimumque supplicium' (Cicero ebd. 5, 64, 165), als 'servile supplicium' (Tacitus, Hist. 4, 11) bzw. 'summum supplicium' (Dig. 48, 19, 28 pr.). Sie bestand . . . bei den Römern . . . in der Anheftung an das zusammengesetzte Kreuz (crux commissa oder crux immissa) mit Stricken oder Nägeln oder beidem . . . Ein am Pfahl angebrachter Holzklotz (sedile) stützte den Körper (Justinos, Dial. 91, 2; Eirenaios, Adv. haer. II 24, 4; Tertullian, Ad nat. 1, 12; Adv. Marc. 3, 18) und sollte wohl den Tod hinauszögern. Von einer Fußstütze (suppedaneum) wissen die älteren Berichte nichts.“ [85] Die mk Stundenangabe, 9 Uhr morgens, kann mit der johanneischen Angabe, daß Jesus 12 Uhr mittags verurteilt wurde (vgl. Joh 19, 14) nicht harmonisiert werden. Das mk Stundenschema hat wohl zwei Komponenten: eine erzählerische, die den Weg Jesu zuletzt als eine gedrängte Folge von Ereignissen erscheinen läßt, die den Leser in ihren Bann zieht; eine theologische, die Stunde um Stunde als Erfüllung des göttlichen Planes verstehen läßt. So legt denn auch das 4. Evangelium nahe, daß Jesus zu der Stunde stirbt, da die Passalämmer geschlachtet werden. Nach römischem Brauch wurden Name und Grund der Verurteilung auf einer Tafel über dem Kreuz genannt (vgl. Sueton, Calig. 32; Cassius Dio 54, 8; Eusebius, h. e. V 1, 44). Nach Joh 19, 20 ist die Inschrift in drei Sprachen abgefaßt: in der Volkssprache (Aramäisch), in der Amtssprache (Lateinisch) und in der Verkehrs- und Handelssprache (Griechisch). W. Bauer,

Das Johannesevangelium, Tübingen ³1933, S. 222 nennt als antike Zeugnisse Jul. Capitolinus 34 (in Scriptores historiae Augustae XX); Josephus, Ant 10, 2; Dittenb. Or. inscr. 56.90.599. Es ist indes „wenig wahrscheinlich, daß ein Römer so viel Aufhebens mit einem Gekreuzigten machte. Die theologische Tendenz des Evangelisten ist deutlich: die drei Sprachen sollen das Königtum Jesu offiziell der Welt kundtun." [86]

Die Verspottung des Gekreuzigten (Mk 15, 27—32) lag dem Evangelisten wohl in einer kurzen Notiz vor: Mk 15, 27.32b. Sie berichtet davon, daß Jesus zwischen zwei Verbrechern gekreuzigt wurde, die ihn verspotten. Der Bericht mag die Urchristenheit eher gestört haben, wie die Traditionsgeschichte zeigt: Lk 23, 39—43 demonstriert an den beiden Verbrechern Annahme und Ablehnung der göttlichen Liebe Jesu; Joh 19, 31 bis 37 wird die Einzigartigkeit Jesu gegenüber den beiden Mitgekreuzigten herausgestellt; Petrusevangelium 13 weiß schließlich vom Scheltwort eines der Übeltäter an die Soldaten zu berichten.[87] Man versucht, die Überlieferung christologisch auszuwerten. Das spricht für die Historizität der Nachricht, daß Jesus zusammen mit zwei Verbrechern gekreuzigt und verspottet wurde. Die Verspottung ist doppelt überliefert: die erste Version (Mk 15, 29 f.) läßt die Vorübergehenden Jesus wegen des Tempelwortes (vgl. Mk 14, 58) verhöhnen; die zweite durch die Hohenpriester und Schriftgelehrten wegen der messianischen Bezeichnung (vgl. Mk 14, 61; 15, 2.26). Das Ganze ist in Anlehnung an Ps 22, 8; Klgl 2, 15 erzählt. Die Notiz von der Verspottung wurde wohl vom Alten Testament her auf zweifache Weise mit in der Passionsüberlieferung genannten Motiven artikuliert. Mk hat beide Versionen nebeneinandergestellt.

Tod Jesu (Mk 15, 33—39)

Mitte des Berichtes ist der schlichte Satz: „Jesus aber stieß einen lauten Schrei aus und verschied" (Mk 15, 37). Zuvor ist gesagt, daß Jesus mit lauter Stimme mit den Worten von Ps 22, 2 betet (Mk 15, 34). Die Vermutung besteht zu Recht, daß die Gemeinde den unartikulierten Schrei Jesu in die Worte des

22. Psalms faßte, den sie ja auch bei anderen Ereignissen der Passion heranzog. Das Wort ist aramäisch in griechischer Transkription überliefert und anschließend übersetzt (Mk 15, 34). Aramäische wie griechische Fassung sind textkritisch unsicher. Man hat sich wohl schon sehr früh mit dem aramäischen Wortlaut und seiner Übersetzung schwergetan. Dafür stehen Lk und Joh, die beide das Wort nicht überliefern. Lk 23, 46 und Joh 19, 30 kennen je ein anderes letztes Wort Jesu, das jeweils im Horizont der jedem eigenen Christologie formuliert ist. Die Tränkung Jesu mit Essig (Mk 15, 36a) kann aus Ps 69, 22 erschlossen sein. Mk 15, 36b deutet die Essigtränkung von V. 35 her: das entweichende Leben des Gekreuzigten soll vielleicht „durch ein scharfes Reizmittel" — ὄξος kann auch das Getränk der Feldarbeiter sein [88] — noch einmal zurückgehalten werden. Es ist nicht mehr zu entscheiden, „ob dieser Zug Verhöhnung und neue Qual bedeutet oder eine dumpfe Regung, die noch mit einem Wunder rechnet" [89]. Dagegen ist das Mißverständnis des aramäischen Psalmwortes: „Siehe, er ruft den Elia!" (Mk 15, 35) schwer vorstellbar. „Wer aramäisch versteht, kann den Psalmvers kaum so grob mißverstehen, und wer das nicht tut, kann keinen Hilferuf an Elia heraushören. Wahrscheinlich hat also erst die griechisch redende Gemeinde den Schrei V. 34a übersetzt (34b) und durch V. 35 die überlieferte Tränkung Jesu mit dem Schwamm als törichtes Mißverständnis und Verspottung dargestellt." [90]

Die Darstellung umgibt Jesu Tod mit wunderbaren Ereignissen, die die Bedeutung dieses Sterbens für den Kosmos und für Israel verdeutlichen. Die Mk 15, 33 genannte Finsternis, die Lk 23, 45 wohl als Sonnenfinsternis denkt, kann nicht als astronomisches Phänomen gelten. Es dürfte wohl auf Am 8, 9 zurückgegriffen sein; die Finsternis leitet nach Mk 13, 24 den Tag des Menschensohnes ein. — Das Zerreißen des Tempelvorhanges — es wird wohl der Vorhang am Tempel vor dem „Heiligen", nicht der vor dem Allerheiligsten gemeint sein („Es ist ... kaum sinnvoll, ein Zeichen zu erwähnen, das nicht oder nur von wenigen Priestern hätte gesehen werden können" [E. Lohmeyer, Das

Evangelium des Markus, S. 347].) — steht in innerem Bezug zum Tempelwort Mk 15, 29 f. In seinem Tod beginnt die Erfüllung seiner Weissagung. Zeichen am Tempel, die auf die Zerstörung hinweisen, sind dem Judentum nicht fremd (vgl. Joma VI 43c, 61; Josephus, Bell VI 5, 3; weitere Belege bei P. Billerbeck I zu Mt 27, 51). Die weitere Tradition gestaltet die wunderbaren Vorgänge beim Tode Jesu immer mehr aus: Mt 27, 51b—53 spricht von der Auferstehung der Heiligen und ihrer Erscheinung in Jerusalem „nach seiner Auferstehung", Vorgänge, die schwer vorstellbar sind, wenn man meint, sie historisch fassen zu sollen. Petrusevangelium 15—22 [91] sind die vorgegebenen Motive breit entfaltet und durch weitere vermehrt.

Das Bekenntnis des Centurio: „Wahrhaftig dieser Mensch war Gottes Sohn" (Mk 15, 39) ist das christologische Bekenntnis der hellenistischen Gemeinde. Der Evangelist, dessen ganzes Werk von diesem Bekenntnis geprägt ist (vgl. Mk 1, 1), lüftet hier das Messiasgeheimnis, das über der Gestalt Jesu lag. Für Markus macht die Passion die entscheidende Offenbarung der Gottessohnschaft Jesu aus.

Begräbnis Jesu und leeres Grab (Mk 15, 40—16, 8)

Mk 15, 40 f. nennt namentlich Frauen, die Jesus gefolgt waren und Zeugen seines Todes sind. Damit führt Mk ein Motiv ein, das er im Schlußteil seines Werkes noch zweimal aufgreift: Mk 15, 47 sind zwei dieser Frauen Zeugen der Bestattung, und Mk 16, 1—8 entdecken drei von ihnen das leere Grab. Es wird dem geschichtlichen Tatbestand entsprechen, daß zum Kreis der Jünger Jesu Frauen gehörten und daß sie aus Galiläa stammten. Außer an den genannten Stellen mit ihren Parallelen ist Nachfolge von Frauen noch Lk 8, 1—3 erwähnt. Die verschiedenen Namenüberlieferungen, wozu noch Joh 19, 25 hinzuzunehmen wäre, miteinander auszugleichen, ist seit alters versucht worden. Man wird E. Lohmeyer, Das Evangelium des Markus, S. 348, zustimmen: „Es ist besser, auf solchen Ausgleich zu verzichten; denn in mündlicher Überlieferung wechseln Namen leicht."

Der Bericht vom Begräbnis Jesu läßt wenige historische Details erkennen. Daß es „Rüsttag vor dem Sabbat“ (Mk 15, 42) ist, wird betont wohl wegen der Ostergeschichte (Mk 16, 1). Zugleich soll begründet werden, daß Jesus noch am selben Tage bestattet wird. Dies ist zweifellos nicht das Verdienst des Joseph v. Arimathaia.

Gemäß Dt 21, 23 [92] wäre Jesus von den Juden noch am selben Tag bestattet worden, um eine Entheiligung des Landes zu vermeiden. Joseph kommt als reicher Ratsherr dem Verscharren Jesu zuvor, indem er ihm ein Begräbnis verschafft, wie es Wohlhabenden zukommt: Wickelung in Leinen, Bestattung in einem Felsengrab. Von Salbung sagt Mk hier nichts. Zeremonielle Bestattung scheint das Judentum der Zeit nicht gekannt zu haben. Der Bericht legt Nachdruck auf die ehrenvolle Bestattung Jesu. Joseph ist als einer gekennzeichnet, „der auf die Königsherrschaft Gottes wartete“ (Mk 15, 43), Mt 27, 57 ist er bereits „Jünger Jesu“, Lk 23, 50 f. wird er als gut und gerecht bezeichnet und von ihm gesagt, er habe ihrem Plan und Tun nicht zugestimmt. Die Tendenz geht also dahin, seine Gestalt zu glorifizieren. Joh 19, 38 sagt, er sei heimlich Jünger Jesu gewesen „aus Furcht vor den Juden“. Mk 15, 43c f. berichtet vom Staunen des Pilatus über den raschen Tod Jesu. „Der Leichnam blieb in der Regel am Kreuz, bis er verwest oder eine Beute der Raubtiere geworden war (sc. nach röm. Brauch, doch s. o.) (Petronius, Sat. 111; Horaz, Ep. I 16, 48; Philon, In Flacc 10 § 83), doch konnte der zuständige Magistrat gnadenweise die Leiche den Angehörigen zur Bestattung freigeben (Justinianos, Dig. 48, 24, 1 ff.; Codex 3, 44, 11).“ [93] Nur Mk 15, 44b f. ist von dem Gespräch des Pilatus mit dem Centurio die Rede. Es meldet sich hier wohl frühes apologetisches Interesse: die Tatsächlichkeit des Todes wird amtlich festgestellt. Die Bestattung Jesu bezeugen die Frauen, die auch sein Sterben sahen: Mk 15, 47.

E. Lohmeyer, Das Evangelium des Markus, S. 351 f. hat auf die Möglichkeit einer anderen Grabesüberlieferung aufmerksam gemacht, die indes nur trümmerhaft erhalten ist. Es fällt auf, daß Jesus nicht von galiläischen Freunden, sondern von einem

Judäer bestattet wird, der dies auch noch alleine tut. Erst Joh 19, 39 weiß, daß Nikodemus mitbeteiligt ist. Zwei galiläische Frauen schauen zu, wohin der Leichnam gelegt wird. Die Bemerkung klingt so, als sei die Grabstätte schwer wiederzufinden. Dagegen spricht, daß man dies vom Felsengrab eines vornehmen Ratsherrn annehmen mußte. Es scheint E. Lohmeyer an dieser Stelle entgangen zu sein, daß das Grab nur Mt 27, 60 das Grab des Joseph ist. Lk 23, 53; Joh 19, 41 f. wissen nichts davon. Dieses Bedenken kann also wegfallen. Nach Mk 16, 1 gehen Frauen am Ostermorgen, um Jesu Leichnam zu salben. Die Absicht der Frauen läßt vermuten, daß Jesus ohne die üblichen Bräuche hastig in ein nahes Grab gebracht worden sei. Apg 13, 29 sagt, es seien die Juden gewesen, die Jesus vom Kreuz nahmen und in ein Grab legten. Auch Joh 19, 31 geht die Initiative zur Kreuzesabnahme von den Juden aus. Es taucht also trümmerhaft eine Grablegungsüberlieferung auf, die von einem Begräbnis, wie es der jüdischen Sitte entsprach, nichts weiß. Diese sehr früh abgesunkene Tradition scheint sich auch in der Ostererzählung Mk 16, 1—8 noch bemerkbar zu machen; erhärten läßt sie sich indes nicht.

Nach Mk 16, 1 f. kommen drei namentlich genannte Frauen am Tag nach dem Sabbat frühmorgens zum Grabe, um Jesu Leichnam zu salben. Mt 28, 1 scheint die Schwierigkeit, daß man am 3. Tag einen Toten salben will, bemerkt zu haben. Immerhin ist die Leiche des Lazarus am 4. Tag schon am Verwesen (Joh 11, 39). Der Hinweis E. Lohmeyers und E. Schweizers (jeweils zur Stelle) auf die klimatischen Verhältnisse ist also zutreffend. Die Frauen wissen auch nicht, wie sie in das Grab kommen sollen wegen des Steines. Die Steinverschlüsse der in Fels gehauenen Gräber waren indes so beschaffen, daß man alleine mühelos den runden Verschlußstein bewegen konnte. Mt 28 übergeht auch diese Ungereimtheit. Ob sie auf die von E. Lohmeyer vermutete Grablegungstradition zurückzuführen ist, bleibt eine offene Frage. Man müßte dann damit rechnen, daß das Grab Jesu ein nicht einfachhin jedermann bekannter Ort war.

Daß das Grab geöffnet ist (Mk 16, 4), wird vom angelus interpres auf die Auferweckung Jesu gedeutet (Mk 16, 5 f.). Die Frauen sollen nun diese Botschaft den Jüngern und Petrus bringen mit der Verheißung, daß ihnen der Erweckte nach Galiläa vorausgehe, wo sie ihn sehen werden (Mk 16, 7). Mk 16, 8 schließt der Ostertext — und das Markusevangelium — mit der Notiz, daß die Frauen voll Entsetzen davoneilen und aus Furcht niemandem etwas sagen. Mt 28, 86 und Lk 24, 8b erfüllen sie diesen Auftrag. Nur Joh 20, 3 ist erzählt, daß die Jünger nachprüfen, was ihnen über das leere Grab mitgeteilt ist, Lk 24, 24 ist es erwähnt. Das paßt zu Lk und Joh, die Erscheinungen des Auferstandenen in Jerusalem und der nächsten Umgebung erzählen, während Mt außer der Erscheinung vor den Frauen direkt am Grabe nur die Erscheinung vor den Jüngern auf dem Berg in Galiläa kennt. Mk hatte nur in Form der Verheißung davon gesprochen. Nach Mk und den von ihm abhängigen Evangelien des Mt und Lk vermittelt das leere Grab nicht den Glauben an die Auferweckung Jesu. Darin trifft sich Mk mit dem ältesten von Paulus erweiterten Osterzeugnis 1 Kor 15, 3 bis 7. Erst Joh 20, 8 entsteht der Glaube am leeren Grab. Auch wird nirgends im Neuen Testament bei der Verkündigung der Auferweckung Jesu mit der Tatsache des leeren Grabes argumentiert. Es ist breite Meinung in der Exegese, daß es sich um eine mit Jerusalem verbundene Tradition handelt.[94] Das muß indes nicht so sein. In Jerusalem wäre dieser Tradition doch wohl wegen der Nachprüfbarkeit ein stärkeres Gewicht zuzusprechen gewesen, als sie es de facto hat; es sei denn, man geht davon aus, daß das Grab Jesu tatsächlich nicht allgemein bekannt war. Die legendarische Überlieferung vom leeren Grab wird von einem erheblichen Teil der Exegese als historisch festgehalten. Die mk Erzählung begründet aber nicht den Glauben an die Auferweckung Jesu, sondern setzt ihn voraus.

c) Urchristliche Deutung der Passion

„Da die Botschaft vom Kreuz des Christus natürlicherweise zunächst nicht Evangelium war, sondern immer schwerster Anstoß sein mußte, konnte der Passionsbericht der Kirche nie nur Bericht sein, sondern er mußte immer wesenhaft die Deutung mitenthalten, also Theologie sein. Schon die Evangelien sind daher voll der apologetischen, dogmatischen, paränetischen Motive." [95] Die Formen der Urchristenheit, in denen von der Passion Jesu gesprochen wird, sind darum so gestaltet, daß sie immer das Geschehen der Passion und die Erweckungstat Gottes zugleich nennen. Diese Zusammenschau, die am breitesten in der erzählenden Leidensgeschichte sichtbar wird, bedingt und trägt die Deutung des Leidens und Sterbens Jesu. Das Kreuz ist von der göttlichen Erweckung des Gekreuzigten her gesehen. Da der göttliche Heilsplan für Israel in den heiligen Schriften beschlossen liegt, liest die Urchristenheit in diesen Schriften auch das Geschick Jesu. So vermag sie in den Worten der Schrift zu verkünden, zu bekennen, zu singen, zu erzählen und zu beten, was sich an Jesus ereignet hat. Sie vermag es nicht nur, sie kann es gar nicht anders. Dabei bot ihr die zeitgenössisch-jüdische Leidenstheologie Vorstellungs- und Aussagemöglichkeiten an. Die Erfahrungen Israels in den Verfolgungen der Makkabäerzeit haben sich im Glauben an den stellvertretenden und sühnenden Wert unschuldigen Leidens verdichtet (vgl. 2 Makk 6, 12—17; 7, 32 f.; 4 Makk 6, 28 f.; 7, 18; 17, 22). Die Frommen leiden für andere (vgl. 1 QS 5, 6; 8, 3; 8, 6; 9, 4). Das Rabbinentum hat diese Leidenstheologie weiter entwickelt.[96] Der Gedanke und die Vorstellung von einem leidenden Messias war dem Judentum der Zeit Jesu fremd. Es ist eine Tat der Urchristenheit, Jesu Leiden und Sterben auf Grund des Glaubens an seine Erweckung mit dem Bekenntnis zu ihm als dem Christus zusammen auszusprechen.

Von daher wird das christologische Interesse gerade in den Leidensaussagen verständlich: Jesus weiß sein Leiden voraus (Mk 14, 8. 18—21.27—31) und nimmt es freiwillig auf sich

(Mk 14, 42; Joh 18, 4—9). Selbst die Gegner müssen seine Unschuld und Gerechtigkeit erkennen (Mk 14, 45). Als Unschuldiger leidet er nicht für sich, sondern für andere (Mk 10, 45; Mk 14, 25; Röm 5, 6.8; 8, 32). Darin spricht sich ein kultischer Aspekt aus (Röm 3, 25; 2 Kor 5, 21). Die soteriologischen Aussagen setzen die aszetischen aus sich heraus. So ist in das Wort vom Kreuztragen Jesu (Mk 8, 34 par) bereits die Nachfolge des Jüngers eingezeichnet. Jesu Leiden und Sterben sind Verpflichtung zur gleichen Hingabe (Röm 15, 1—3; Phil 2, 3—8). Jesu Bekenntnis vor Pilatus verlangt die gleiche Bekenntnistreue seines Jüngers (1 Tim 6, 13), seine Leidensgeduld gleiche Geduld (Hebr 2, 18—23). Der Apostel erfährt die Gemeinschaft des Sterbens Jesu (2 Kor 4, 10 f.; Phil 3, 10). Der Martyrer hat Anteil an Jesu Passion, darum wird sein Sterben dem Sterben Jesu nachgezeichnet (Stephanus Apg 7, 59 f. — vgl. Lk 23, 34. 46). „Die Einswerdung mit der Passion Christi geschieht nicht kosmisch und metaphysisch, sondern geschichtlich und pneumatisch im Glauben.“ [97]

Die urchristliche Deutung der Passion Jesu ist zutiefst bedingt durch die Diskrepanz zwischen jüdischem wie außerjüdischem Verständnis des Kreuzes einerseits und dem Bekenntnis zu dem Gekreuzigten Jesus als dem Christus Gottes andererseits. Die Frage hat ihr Recht, ob nur diese Deutung samt den aufgezeigten Implikationen und Konsequenzen möglich ist. Man wird dies nicht im vorhinein behaupten wollen, wenn eine Sicht des Kreuzes nicht nur im antiken Verstehenshorizont denkbar ist.

III. ERSCHEINUNGEN DES AUFERSTANDENEN

Vorbemerkung: Im abschließenden kurzen Abschnitt werden einige historische Fragen gestellt und Möglichkeiten zur Antwort genannt. Die inhaltliche Problematik, sowie der sich in der Traditionsgeschichte spiegelnde theologische Prozeß innerhalb der Urchristenheit wurden im Zusammenhang der im I. Teil behandelten Frage nach dem Zusammenhang zwischen Jesus und Kerygma der Gemeinde genannt. Es darf darum hierauf hingewiesen werden.

Es ist einhellige Überzeugung der Urchristenheit, daß Jesus durch Gott aus den Toten erweckt wurde. Der Glaube kann geradezu als Glaube an die Auferweckung Jesu gekennzeichnet werden: „Wenn du mit deinem Munde bekennst: ‚Herr ist Jesus!‘ und in deinem Herzen glaubst: ‚Gott hat ihn erweckt aus den Toten!‘, wirst du gerettet werden; denn im Herzen glaubt man zur Gerechtigkeit, mit dem Munde aber bekennt man zur Rettung“ (Röm 10, 9 f.). Daß es sich dabei um einen Vorgang in Raum und Zeit handelt, wird in den Zeugnissen, so verschieden sie auch in der Form sind, angenommen. „Freilich wird dieser nicht als isoliertes, vergangenes Ereignis betrachtet. Vorgang und Zeugnis von demselben sind unlösbar verknüpft, und dieses stellt sofort vor die Glaubensentscheidung. Vom kerygmatischen Ansatz sind die beiden Formen der Berichterstattung zu verstehen: das Glaubensbekenntnis und die Ostererzählungen.“ [1]

Im Bekenntnis wird der Vorgang der Auferweckung nicht geschildert, sondern nur das Faktum als solches festgestellt. Auch die neutestamentlichen Ostererzählungen schildern die Auferweckung im engeren Sinne nicht, wohl aber Begleitumstände (vgl. Mt 28, 1—8), sowie Erscheinungen des Auferweckten, Gespräche zwischen ihm und den Frauen und Jüngern u. a. Erst außerneutestamentliche Darstellung erzählt auch den Auferstehungsvorgang.[2] Die Formeln verkünden die Auferstehung unter verschiedenen Aspekten: als Tat Gottes am Gekreuzigten: „Gott hat ihn auferweckt" (ἀνέστησεν oder ἤγειρεν: Apg 2, 24; 3, 15; 10, 40; Röm 4, 24; 8, 11; 10, 9; 2 Kor 4, 14; Gal 1, 1; Kol 2, 12; 1 Thess 1, 10; 1 Petr 1, 21) oder „er wurde auferweckt" (1 Kor 15, 14; Apg 17, 31) — oder als das machtvolle Tun Christi selbst: „er stand auf" (1 Thess 4, 14). Beide Formulierungen sind sehr alt; denn Paulus scheint bereits fest gefügte Formeln zu verwenden. Der Fortschritt der christologischen Reflexion, der von der erstgenannten zur letztgenannten Aussage führt, muß also schon sehr früh angesetzt werden.

Eine besonders ausführliche Formel ist 1 Kor 15, 3b—5 erhalten. Paulus weist darauf hin, daß er Tradition weitergebe, die den Korinthern bekannt ist (1 Kor 15, 3a). Wenn der 1. Korintherbrief Mitte der fünfziger Jahre geschrieben ist, reicht die Formel wohl in die vierziger Jahre zurück. Die genannten Verse sind durch die mit ὅτι — „daß" eingeleiteten Einzelelemente als Einheit erkennbar. Die Auferweckung des Gekreuzigten am dritten Tage ist als der Schrift entsprechendes Ereignis genannt, das sich in der Erscheinung des Erweckten vor Kephas (ὤφθη) manifestiert. Paulus hat dieser Formel — wohl aus alter Tradition — weitere Zeugen angefügt (15, 5b—7). Schließlich nennt er mit demselben Wort ὤφθη seine eigene Erfahrung (15, 8). Er kann also, was ihm selbst widerfuhr, in einem Atemzug mit den traditionellen Zeugnissen nennen. Man kann fragen, ob Paulus dadurch die Tradition von seiner eigenen Erfahrung her angemessen interpretiert. Das wäre dann der Fall, wenn angenommen werden dürfte, Paulus habe noch um den Charakter dieser ihm in der Tradition vorgegebenen Erfahrungen gewußt. Paulus drückt seine Erfahrung verschieden aus. 1 Kor 9, 1 spricht er von „sehen", Gal 1, 16 von „offenbaren", 2 Kor 4, 6 von der „Erleuchtung durch die Erkenntnis der Herrlichkeit Gottes", also zweifellos einer inneren Erfahrung, die er Phil 3, 10 als „erkennen" bezeichnen kann. Wichtig ist, daß Paulus 2 Kor 12, 1—4 zwar von „Visionen und Offenbarungen des Herrn“ spricht, darunter aber nicht seine Christuserfahrung versteht. Er kennt also sehr wohl den Zustand der Ekstase, kann aber seine Erfahrung nicht als solche bezeichnen. Hört er in der Ekstase „unaussprechbare Worte, die kein Mensch sagen darf“ (2 Kor 12, 4), so wird ihm in seiner Christophanie der Auftrag zuteil, „den Sohn als Evangelium unter den Heiden zu verkünden“ (Gal 1, 16). Die Christophanie ist final auf die Verkündigung des zum Sohn erhöhten Gekreuzigten angelegt, der als Evangelium erfahrbar wird im Glauben. Auf dem Boden dieses Bekenntnisses finden sich die ersten Gemeinden: das Evangelium von Tod und Auferweckung Jesu ist kirchengründend. So spricht denn auch das Bekenntnis des Simon Petrus (Mt 16, 16) diesen Glauben an den Christus als den Sohn aus. Bekenntnis sowohl wie der folgende Makarismus (Mt 16, 17) sind osterterminologisch geprägt und erinnern an Gal 1, 16.

Umstritten in der Exegese ist die Bedeutung des „Sehens“, das die alte Formel und Paulus nennen, und demzufolge auch die theologische Relevanz der Zeugen, die Paulus nennt. Hat das „Sehen“, das den Zeugen widerfuhr, die Erkenntnis ausgelöst, daß Jesu Sache weitergeht, und ist demzufolge der nachösterliche Glaube inhaltlich derselbe wie vorösterlich der Glaube an die Verkündigung Jesu? [3] Oder eröffnet dieses „Sehen“ einen neuen Inhalt des Glaubens, nämlich den auferweckten Gekreuzigten, dessen Predigt und Sache nur deshalb weitergehen können, weil er selbst darin wirkt? [4] Nach der ältesten Bekenntnisüberlieferung geschah die Auferweckung Christi „nach den Schriften“ (1 Kor 15, 4). Damit ist auf die alttestamentlich-jüdische Vorstellungswelt zurückgegriffen. Der urchristliche Weissagungsbeweis wurde erbracht mit Berufung auf Stellen wie Ps 16, 8—11: „Du wirst meine Seele nicht im Hades lassen, und du wirst deinen Heiligen die Verwesung nicht schauen lassen“ (vgl. Apg 2, 27; 13, 35); Ps 2, 7: „Mein Sohn bist du; ich habe dich heute gezeugt“ (vgl. Apg 13, 33). Die apokalyptische Erwartung sprach zunächst von der Auferstehung der Gerechten (2 Makk 7, 14; Weish 3, 9—11), sie scheint auch in Qumran vorgeherrscht zu haben (1 QH 11, 12 f.; 6, 29—34). Doch war zur

Zeit Jesu die allgemeine Totenauferstehung Inhalt apokalyptischer Erwartung (Testam. Juda 25, 3 f.; Testam. Zabulon 10, 1—3; Aeth Hen 92, 3—5).[5] Doch bedeutet nach Paulus die Auferstehung keine Rückkehr in die frühere Leiblichkeit. „Gesät wird in Sterblichkeit, auferweckt wird in Unsterblichkeit ... Gesät wird ein psychischer Leib, auferweckt wird ein pneumatischer Leib" (1 Kor 15, 42—44). Den Auferstehungsleib werden wir „als Wohnung von Gott her haben, ein Haus, das nicht mit Händen gemacht als ewiges in den Himmeln vorhanden ist" (2 Kor 5, 1). Darf man daraus folgern, Paulus teile die Vorstellung, daß der tote Leib im Grab bleibt und die verklärte Leiblichkeit von Gott gegeben werde? Doch spricht Paulus auch bildhaft vom Schlaf der Toten (1 Thess 4, 14 f.)! Wäre dann Auferweckung aus dem Tod mit dem Erwecken aus dem Schlaf verglichen? „Paulus ist Jude. Jüdische Anthropologie scheidet nicht, wie es die griechische tut, den Menschen in Leib und Seele, sondern der Mensch ist *eine* lebendige Einheit. Danach möchte man annehmen, daß auch die Erweckung der Toten diesen einen Menschen wiederherstellt. Die Exegese ist uneins in der Frage, ob Paulus annahm, das Grab des auferstandenen Christus sei leer gewesen, wie es die Evangelien sagen. Paulus spricht nicht vom leeren Grab. Seine Anschauung kann wohl nicht mit Sicherheit erschlossen werden." [6]

Die formgeschichtliche Untersuchung der Ostererzählungen der Evangelien ergibt, daß es sich um eine Zusammenstellung ursprünglicher Einzelerzählungen handelt.[7] „Den Übergang vom kerygmatischen Summar einer-, der Einzelgeschichte andererseits zum Erzählungskranz vermag Apg 10, 40 ff. zu beleuchten." [8] In diesen Erzählungen sind zwei Motive wirksam, die einzeln oder kombiniert in den Geschichten ihren Ausdruck finden: das Motiv des Auferstehungsbeweises durch die Erscheinung des Auferstandenen und das Motiv des Missionsauftrags des Auferstandenen. Ersteres herrscht in Lk 24, 13—35; Joh 20, 1.11—18 (kombiniert mit der Grabesgeschichte); 20, 24—29; 21, 1—14. Mt 28, 9 f. liegt nur ein Anhang an die Grabesgeschichte vor. Das Motiv des Missionsauftrages des Auferstandenen herrscht in Mt 28, 16—20; Joh 20, 19—23, doch spielt das Motiv des Auferstehungsbeweises Mt 28, 17 und Joh 20, 20 herein, und Lk 24, 36—49 sowie Apg 1, 3—8 sind beide in jeweils einer Erzählung kombiniert.[9] R. Bultmanns Hinweis, „daß die Ausgestaltungen des zweiten Motivs in Mt 28, 16—20; Lk 24, 44—49; Apg 1, 4—8, samt den johanneischen Geschichten, ganz späte Bildungen des hellenistischen Christentums (wenn auch vielleicht z. T. des hellenistischen Judenchristentums) sind“ [10], trifft wohl zu. „Denn diese Geschichten setzen die universalistische Mission voraus, die durch einen Befehl des Auferstandenen legitimiert wird. Davon wußte die Urgemeinde nichts, wie Gal 2, 7 f. deutlich zeigt.“ [11] Es fällt auf, daß die in den Ostererzählungen der Evangelien genannten Personen, denen der Auferstandene erschien, mit den Namen, die 1 Kor 15, 3—8 genannt sind, nicht übereinstimmen. Lediglich die Erscheinung vor Petrus, die 1 Kor 15, 5 ausdrücklich nennt, wird Lk 24, 34 erwähnt. Andererseits scheinen die alte Ostertradition und Paulus nichts von Erscheinungen des Auferstandenen vor den Frauen zu wissen. Nach Mk 16, 1 parr ist Maria Magdalena bei diesen Frauen, nach Joh 20, 1 geht sie am Ostermorgen allein zum Grabe. Die verschiedenen Überlieferungen und die jeweiligen Darstellungen des Evangelisten lassen sich nicht in einen kontinuierlichen Ablauf pressen. Die Evangelien gestalten die Überlieferung frei nach ihren verschiedenen Intentionen. Schwierigkeiten für die Exegese bereiten nach wie vor die verschiedenen Lokalisierungen der Erscheinungen des Auferstandenen in den Ostererzählungen.[12] Nach Lk 24 und Joh 20 haben sie ausschließlich in Jerusalem und der nächsten Umgebung (Emmaus) stattgefunden; nach Joh 21 — dem redaktionellen Nachtragskapitel des 4. Evangeliums — am See von Tiberias, also in Galiläa. Mt 28 erzählt kurz eine Erscheinung vor den Frauen am Grabe, dann aber nur noch die vor den elf Jüngern auf dem Berg in Galiläa. Mk 16 hatte nur die Verheißung des Engels, daß die Jünger den Erweckten in Galiläa sehen sollten. Für die Jerusalem-These hat sich besonders H. Conzelmann ausgesprochen, für die Galiläa-These H. Grass. Eine positive Entscheidung für die eine zuungunsten der anderen These dürfte schwerfallen, doch hat die Meinung, die älteste Tradition in Judäa — Jerusalem und nächster Umgebung — zu lokalisieren, gewichtige Argumente für sich. Fest steht, daß die Ortsunterschiede der einzelnen Darstellungen theologisch zu erklären sind: Galiläa als das Land der Verkündigung Jesu und der Verbindung zur Heidenwelt, Jerusalem als Ort der Erfüllung der Prophetie und Kirchengründung im Heiligen Geist. Es zeichnet sich wohl auch die Spannung zwischen heiden- und judenchristlichem Element in der Urchristenheit auf der traditionsgeschichtlichen Ebene ab.

ANMERKUNGEN

I. Das Problem des historischen Jesus

[1] A. Schweitzer, Geschichte der Leben-Jesu-Forschung, Tübingen [6]1951 = [2]1913, S. 631.

[2] Ders., a. a. O., S. 631 f.

[3] Ders., a. a. O., S. 634.

[4] Ders., a. a. O., S. 635.

[5] Ders., a. a. O., S. 635.

[6] Ders., a. a. O., S. 637.

[7] Ders., a. a. O., S. 636.

[8] Ders., a. a. O., S. 640.

[9] Ders., a. a. O., S. 634.

[10] R. Bultmann, Die liberale Theologie und die jüngste theologische Bewegung (1924), in: Glauben und Verstehen, Gesammelte Aufsätze von Rudolf Bultmann, Tübingen [5]1964, I, S. 1—25; S. 13.

[11] A. a. O., S. 18.

[12] A. a. O., S. 18.

[13] A. a. O., S. 18 f.

[14] A. a. O., S. 19.

[15] A. a. O., S. 19 f.

[16] A. a. O., S. 23 f.

[17] Vgl. Kirche und Lehre im Neuen Testament (1929), in: Glauben und Verstehen I, S. 153—187.

[18] Vgl. a. a. O., S. 176.

[19] R. Bultmann, Die Bedeutung des geschichtlichen Jesus für die Theologie des Paulus (1929), in: Glauben und Verstehen I, S. 188 bis 213; S. 206.

[20] Vgl. ebd.

[21] Ders., a. a. O., S. 207.

[22] Ders., a. a. O., S. 207.

[23] Ders., a. a. O., S. 208.

[24] Ders., ebd.

[25] R. Bultmann, Zur Frage der Christologie (1927), in: Glauben und Verstehen I, S. 85—113; S. 95 f.

[26] Vgl. M. Lehmann, Synoptische Quellenanalyse und die Frage nach dem historischen Jesus. Kriterien der Jesusforschung untersucht in Auseinandersetzung mit Emmanuel Hirschs Frühgeschichte des Evangeliums, (BZNW 38) Berlin 1970, S. 169.

[27] E. Käsemann, Das Problem des historischen Jesus, in: ZThK 51 (1954), S. 125—153, hier zitiert nach: ders., Exegetische Versuche und Besinnungen, 2 Bände, Göttingen 1964, I., S. 187—214.

[28] Vgl. ders., a. a. O., S. 188.

[29] Vgl. ders., a. a. O., S. 189.

[30] Ders., a. a. O., S. 189 f.

[31] Ders., a. a. O., S. 190.

[32] Ders., a. a. O., S. 191.

[33] Ders., a. a. O., S. 191.

[34] Ders., a. a. O., S. 191.

[35] Ders., a. a. O., S. 192.

[36] Ders., a. a. O., S. 192.

[37] Ders., a. a. O., S. 195.

[38] R. Bultmann, Das Verhältnis der urchristlichen Christusbotschaft zum historischen Jesus. Sitzungsberichte der Heidelberger Akademie der Wissenschaften, Philosophisch-historische Klasse, Jg. 1960, 3. Abhandlung (Heidelberg 1960), 5—27; hier zitiert nach R. Bultmann, Exegetica. Aufsätze zur Erforschung des Neuen Testaments, ausgewählt, eingeleitet und herausgegeben von E. Dinkler, Tübingen 1967, S. 445—469; hier S. 446.

[39] A. a. O., S. 446 f.

[40] A. a. O., S. 448.

[41] A. a. O., S. 448.

[42] A. a. O., S. 448.

[43] A. a. O., S. 449.

[44] A. a. O., S. 449.

[45] A. a. O., S. 450.

[46] A. a. O., S. 450.

[47] A. a. O., S. 450 — E. Käsemann s. ebd., Anm. 12.

[48] Vgl. a. a. O., S. 450.

[49] A. a. O., S. 450.

[50] Vgl. a. a. O., S. 451—454.

[51] A. a. O., S. 452.

[52] A. a. O., S. 453.
[53] A. a. O., S. 454.
[54] A. a. O., S. 456.
[55] A. a. O., S. 456.
[56] Vgl. a. a. O., S. 456.
[57] A. a. O., S. 457.
[58] Vgl. a. a. O., S. 458.
[59] A. a. O., S. 458.
[60] A. a. O., S. 458.
[61] Das Problem des historischen Jesus, S. 192.
[62] Vgl. R. Bultmann, Das Verhältnis der urchristl. Christusbotschaft zum historischen Jesus, S. 463.
[63] A. a. O., S. 463.
[64] A. a. O., S. 463.
[65] Vgl. H. Braun, Der Sinn der neutestamentlichen Christologie, in: ZThK 54 (1957) S. 341—377, hier zitiert nach: H. Braun, Gesammelte Studien zum Neuen Testament und seiner Umwelt, Tübingen [3]1971, S. 243—282.
[66] A. a. O., S. 247.
[67] Ebd.
[68] A. a. O., S. 248.
[69] A. a. O., S. 249.
[70] A. a. O., S. 250.
[71] A. a. O., S. 250.
[72] A. a. O., S. 250.
[73] Vgl. a. a. O., S. 250 f.
[74] A. a. O., S. 251.
[75] A. a. O., S. 251 f.
[76] A. a. O., S. 254 f.
[77] A. a. O., S. 255.
[78] A. a. O., S. 259 — Reiches Material aus der Religionsgeschichte, a. a. O., S. 256—263.
[79] A. a. O., S. 263.
[80] A. a. O., S. 264.
[81] A. a. O., S. 265.
[82] A. a. O., S. 266.
[83] A. a. O., S. 271 f.
[84] A. a. O., S. 268.
[85] Vgl. a. a. O., S. 268, Anm. 111.

[86] A. a. O., S. 268.
[87] A. a. O., S. 268 f.
[88] A. a. O., S. 272.
[89] A. a. O., S. 276.
[90] Ebd.
[91] Ebd.
[92] A. a. O., S. 276 f.
[93] A. a. O., S. 277.
[94] Ebd.
[95] Ebd.
[96] A. a. O., S. 281.
[97] A. a. O., S. 282.
[98] Das Verhältnis der urchristl. Christusbotschaft zum historischen Jesus, S. 467.
[99] Ebd.
[100] A. a. O., S. 467, Anm. 79.
[101] Vgl. 2 Kor 4, 7—12; 12, 9 f.; Joh 14, 27; 16, 33.
[102] A. a. O., S. 468.
[103] E. Jüngel, Paulus und Jesus, [4]1972, S. 274, Anm. 1 von S. 273.
[104] H. Thyen, Der irdische Jesus und die Kirche, in: G. Strecker (Hrsg.), Jesus Christus in Historie und Theologie. Neutestamentliche Festschrift für Hans Conzelmann zum 60. Geburtstag, Tübingen 1975, S. 127—141; S. 135.
[105] A. a. O., S. 131.
[106] F. Hahn, Methodologische Überlegungen zur Rückfrage nach Jesus, in: K. Kertelge (Hrsg.), Rückfrage nach Jesus. Zur Methodik und Bedeutung der Frage nach dem historischen Jesus, Quaestiones disputatae 63, Freiburg–Basel–Wien 1974, S. 11—77; hier S. 14.
[107] Ders., ebd.
[108] Vgl. F. Hahn, a. a. O., S. 15 f., Anm. 10.
[109] A. a. O., S. 16 f.
[110] F. Hahn, a. a. O., S. 16.
[111] F. Hahn, a. a. O., S. 16 f.
[112] Vgl. F. Mußner, Der Jakobusbrief (HThK XIII, 1) Freiburg–Basel–Wien 1964, S. 47—52.
[113] Bei F. Hahn, a. a. O., S. 25, Anm. 35.
[114] F. Hahn, a. a. O., S. 26.
[115] Vgl. E. Käsemann, Das Problem des historischen Jesus, S. 205.
[116] A. a. O., S. 205.

[117] Vgl. S. Schulz, Q — Die Spruchquelle der Evangelisten, Zürich 1972.

[118] A. a. O., S. 205.

[119] E. Käsemann, a. a. O., S. 205.

[120] A. a. O., S. 205.

[121] A. a. O., S. 205.

[122] Vgl. J. Jeremias, Neutestamentliche Theologie, Erster Teil. Die Verkündigung Jesu, Gütersloh 1971, S. 41 f.

[123] Vgl. Teil II, 3. Wirksamkeit.

[124] S. Schulz, Der historische Jesus. Bilanz der Fragen und Lösungen, in: Jesus Christus in Historie und Theologie, Festschrift H. Conzelmann, hrsg. v. G. Strecker, Tübingen 1975, S. 3—25, hier S. 12.

II. Jesus von Nazareth

[1] Vgl. C. K. Barrett, Die Umwelt des Neuen Testaments, Ausgewählte Quellen, hrsg. und übersetzt von C. Colpe (WUNT 4) Tübingen 1959, Nr. 11.

[2] Vgl. C. K. Barrett, Die Umwelt des Neuen Testaments, Nr. 9.

[3] Vgl. P. Billerbeck I, S. 36—39.

[4] Vgl. Vergil, Aeneis 2, 694—698; Clem Alex, Stromata 1, 24, 164; aus dem antiken Judentum: P. Billerbeck I, S. 76—78.

[5] P. Vielhauer, Art. Johannes der Täufer, in: RGG [3]III, Sp. 804 bis 808; 804.

[6] Vgl. R. Schnackenburg, Das Johannesevangelium (HThK IV, 1) Freiburg–Basel–Wien 1965 I, jeweils zur Stelle.

[7] Vgl. R. Pesch, Das Markusevangelium (HThK II, 1) Freiburg–Basel–Wien 1976 I z. St.

[8] Vgl. E. Haenchen, Der Weg Jesu. Eine Erklärung des Markusevangeliums und der kanonischen Parallelen, Berlin 1966, S. 57—63.

[9] Vgl. Hillels Prosbul, Schwiit X, 3 f. bei R. Mayer, Der babylonische Talmud, München 1963, S. 282 f.

[10] G. Dalman, Die Worte Jesu I, S. 77.

[11] J. Jeremias, Neutestamentliche Theologie I, Gütersloh 1971, S. 101.

[12] Vgl. A. Vögtle, Das Neue Testament und die Zukunft des Kosmos, Düsseldorf 1970, S. 147 f.

[13] P. Vielhauer, Gottesreich und Menschensohn in der Verkündigung

Jesu, in: Aufsätze zum Neuen Testament, München 1965, S. 55—91; S. 88.

[14] A. Vögtle, a. a. O., S. 146.

[15] Joh. Weiß, Die Predigt Jesu vom Reiche Gottes, hrsg. v. F. Hahn, Göttingen ³1964, S. 175 f.

[16] A. Schweitzer, Geschichte der Paulinischen Forschung, bei W. G. Kümmel, Das Neue Testament, Geschichte der Erforschung seiner Probleme, Freiburg–München ²1970, S. 307.

[17] Vgl. A. Schweitzer, Geschichte der Leben-Jesu-Forschung, S. 637.

[18] R. Bultmann, Jesus, Tübingen 1964 = 1926, S. 46 f.

[19] Vgl. O. Knoch, Die eschatologische Frage, ihre Entwicklung und ihr gegenwärtiger Stand. Versuch einer knappen Übersicht, in: BZ NF 6 (1962) 112—120, 114.

[20] C. H. Dodd, The Parables of the Kingdom, in der Übersetzung zitiert nach W. G. Kümmel, Das Neue Testament, S. 494.

[21] J. Jeremias, Die Gleichnisse Jesu, Göttingen ⁵1958, S. 194; C. H. Dodd, The Interpretation of the Fourth Gospel, Cambridge 1953, S. 447, Anm. 1.

[22] J. Jeremias, Neutestamentliche Theologie I, S. 110 — zitiert ist D. Flusser, Jesus in Selbstzeugnissen und Bilddokumenten, Reinbeck b. Hamburg 1968, S. 87.

[23] Hauptformen der verschiedenen Antworten charakterisiert R. Schnackenburg, Gottes Herrschaft und Reich, Freiburg ²1961, S. 77 bis 79.

[24] E. Lohse, Grundriß der neutestamentlichen Theologie, Stuttgart–Berlin–Köln–Mainz 1974, S. 30.

[25] S. Schulz, Q. Die Spruchquelle der Evangelisten, Zürich 1972, S. 212.

[26] Vgl. G. Klein, „Reich Gottes" als biblischer Zentralbegriff, in: EvTh 30 (1970), S. 642—670, hier S. 658 f.; A. Vögtle, Das Neue Testament und die Zukunft des Kosmos, S. 146.

[27] L. Goppelt, Theologie des Neuen Testaments, I, hrsg. v. J. Roloff, Göttingen 1975, S. 116.

[28] Ders., a. a. O., S. 117.

[29] H.-W. Kuhn, Enderwartung und gegenwärtiges Heil, Göttingen 1966, S. 204.

[30] L. Goppelt, a. a. O., S. 113.

[31] Ders., a. a. O., S. 128.

[32] H. W. Wolff, Das Thema „Umkehr" in der alttestamentlichen

Prophetie, in: ZThK 48 (1951) 129—148; hier zitiert nach: ders., Gesammelte Studien zum Alten Testament, München 1964, S. 130 bis 150, S. 138.

[33] Vgl. J. Blank, Was Jesus heute will. Überlegungen zur Ethik Jesu, in: ThQ 151 (1971) 300—320, 312.

[34] Vgl. Hos 14, 2—4; Jer 3, 12 — hierzu: H. W. Wolff, a. a. O., S. 142—144.

[35] B. Schaba 31a; bei P. Billerbeck I, 907 f.

[36] Vgl. J. Jeremias, Jesus und seine Botschaft, II. Das Vater-Unser im Lichte der neueren Forschung, hrsg. v. G. Hennig, Stuttgart 1976, S. 20—40.

[37] K. H. Schelkle, Theologie des Neuen Testaments I—IV, Düsseldorf 1968—1976, hier I, S. 112.

[38] Vgl. P. Billerbeck I, S. 394.

[39] K. H. Schelkle, a. a. O., I, S. 113.

[40] E. Käsemann, Art. Wunder im NT, in: RGG³ VI, Sp. 1835 bis 1837, hier 1835.

[41] K. H. Schelkle, a. a. O. II, S. 85.

[42] E. Käsemann, a. a. O., Sp. 1837.

[43] Vgl. R. Pesch, Das Markusevangelium z. Stelle.

[44] Vgl. dazu H. W. Kuhn, Ältere Sammlungen im Markusevangelium (StUNT 8), Göttingen 1971.

[45] K. H. Schelkle, a. a. O. II, S. 92.

[46] Vgl. I. Maisch, Die Heilung des Gelähmten. Eine exegetisch-traditionsgeschichtliche Untersuchung zu Mk 2, 1—12 (SBS 52), Stuttgart 1971; H. Leroy, Zur Vergebung der Sünden. Die Botschaft der Evangelien (SBS 73), Stuttgart 1974, S. 53—62.

[47] G. Bornkamm, Die Sturmstillung im Matthäusevangelium, in: Überlieferung und Auslegung im Matthäusevangelium, Neukirchen ⁴1965, S. 48—53.

[48] Vgl. P. Billerbeck I, S. 614—675.

[49] K. H. Schelkle, a. a. O. II, S. 99.

[50] Vgl. K. H. Schelkle, a. a. O. II, S. 96.

[51] H. Conzelmann, Art. Jesus Christus, in: RGG³ III, Sp. 619 bis 653; 625 f.

[52] Vgl. dazu J. Jeremias, Die Abendmahlsworte Jesu, Göttingen ³1960, S. 31 ff. mit den entsprechenden Belegen.

[53] Ders., a. a. O., S. 33.

[54] Text: W. Dittenberger, Sylloge Inscriptionum Graecarum, Bd. II,

Leipzig [3]1917, S. 801 D; Übersetzung und Kommentar: C. K. Barrett, Die Umwelt des Neuen Testaments, Ausgewählte Quellen, hrsg. u. übersetzt v. C. Colpe (WUNT 4), Tübingen 1959, S. 58—60, Nr. 46.

[55] Vgl. P. Vielhauer, Geschichte der urchristlichen Literatur. Einleitung in das Neue Testament, die Apokryphen und die Apostolischen Väter, Berlin–New York 1975, S. 72 f.

[56] J. Jeremias, G. Bornkamm, W. G. Kümmel; oder 49 W. Marxsen.

[57] Vgl. H. Conzelmann, Art. Jesus Christus, in: RGG[3] III, Sp. 626.

[58] Übersetzung nach J. Gnilka, Der Philipperbrief (HThK X, 3), Freiburg–Basel–Wien 1968, S. 111.

[59] Vgl. F. Hahn, Der Prozeß Jesu nach dem Johannesevangelium, in: Ev.-kath. Komm., Vorarbeiten Heft 2, Zürich–Neukirchen 1970, S. 23—96; R. Schnackenburg, Das Johannesevangelium (HThK IV) III, Freiburg–Basel–Wien 1975, S. 347 f.

[60] L. Goppelt, Theologie des Neuen Testaments I, S. 272 f.

[61] Vgl. E. Linnemann, Studien zur Passionsgeschichte, Göttingen 1970.

[62] H. Conzelmann, Art. Jesus Christus, in: RGG[3] III, Sp. 647.

[63] Vgl. K. H. Schelkle, Die Passion Jesu in der Verkündigung des Neuen Testamentes, Heidelberg 1949, S. 70—73; W. Popkes, Christus Traditus, Zürich 1967 passim.

[64] L. Goppelt, Theologie des Neuen Testaments I, S. 274.

[65] Eingehend informiert H. Feld, Das Verständnis des Abendmahls (Erträge der Forschung 50), Darmstadt 1976, bes. S. 4—76.

[66] Vgl. J. Blinzler, Der Prozeß Jesu, Regensburg [4]1969.

[67] Theologie des Neuen Testaments II, S. 109, Anm. 4.

[68] Vgl. O. Michel, in: ThWNT IV, S. 888.

[69] Vgl. M. Dibelius, Die Formgeschichte des Evangeliums, mit Nachtrag v. G. Iber, hrsg. v. G. Bornkamm, Tübingen [4]1961, S. 251 f.

[70] Vgl. R. Bultmann, Die Geschichte der syn. Tradition, (FRLANT NF 12) Göttingen [4]1958, S. 288; 290.

[71] H. Conzelmann, Art. Jesus Christus, in: RGG[3] III, Sp. 647 f.

[72] E. Bammel, Art. Pilatus, in: RGG[3] V, Sp. 383.

[73] Vgl. H. Feld, Das Verständnis des Abendmahls, S. 44 f.

[74] Vgl. die weiteren Belege bei E. Lohmeyer, Das Evangelium des Markus, hrsg. v. G. Saß, mit Ergänzungsheft, Göttingen [16]1963, S. 336 f.

[75] Vgl. K. H. Rengstorf, in: ThWNT IV, S. 263 f.

[76] Vgl. J. Blinzler, Art. Geißelung, in: LThK[2] IV, Sp. 609 f.

[77] E. Lohmeyer, a. a. O., S. 340.

[78] J. Blinzler, Art. Dornenkrönung, in: LThK² III, Sp. 521.

[79] E. Lohmeyer, a. a. O., S. 341.

[80] E. Schweizer, Das Evangelium nach Markus (NTD 1), Göttingen 1967, S. 198.

[81] Vgl. E. Lohmeyer, a. a. O., S. 342.

[82] E. Schweizer, a. a. O., S. 200.

[83] Belege bei P. Billerbeck I, S. 1037.

[84] E. Schweizer, a. a. O., S. 199.

[85] J. Blinzler, Art. Kreuzigung, in: LThK² VI, Sp. 621.

[86] R. Schnackenburg, Das Johannesevangelium III, Freiburg–Basel–Wien 1975, S. 315.

[87] Vgl. E. Hennecke — W. Schneemelcher, Neutestamentliche Apokryphen in deutscher Übersetzung I, Tübingen ³1959, S. 121.

[88] E. Lohmeyer, a. a. O., S. 346.

[89] E. Lohmeyer, ebd.

[90] E. Schweizer, a. a. O., S. 204.

[91] Bei E. Hennecke — W. Schneemelcher, Neutestamentliche Apokryphen in deutscher Übersetzung I, S. 121 f.

[92] Vgl. Josephus, Bell IV 5, 2; Rabbinisches bei P. Billerbeck I, S. 1047 f.

[93] J. Blinzler, Art. Kreuzigung, in: LThK² VI, Sp. 621.

[94] Vgl. H. Graß, Ostergeschehen und Osterberichte, Göttingen ⁴1970; L. Schenke, Auferstehungsverkündigung und leeres Grab. Eine traditionsgeschichtliche Untersuchung von Mk 16, 1—8 (SBS 33), Stuttgart ²1969.

[95] K. H. Schelkle, Art. Passion Christi, in: LThK² VIII, Sp. 144.

[96] Vgl. P. Billerbeck II, S. 274—292.

[97] K. H. Schelkle, a. a. O., Sp. 146 — Zur Thematik: E. Schweizer, Erniedrigung und Erhöhung bei Jesus und seinen Nachfolgern (AThANT 28), Zürich ²1962; L. Ruppert, Jesus als der leidende Gerechte? Der Weg Jesu im Lichte eines alt- und zwischentestamentlichen Motivs (SBS 59), Stuttgart 1972.

III. Erscheinungen des Auferstandenen

[1] H. Conzelmann, Art. Auferstehung Christi. I. Im NT, in: RGG³ I, Sp. 698—700, hier 698.

[2] Petrusevangelium 35—44. 50—57, in deutscher Übersetzung bei E. Hennecke—W. Schneemelcher, Neutestamentliche Apokryphen I, S. 122—124.

[3] Vgl. W. Marxsen, Die Auferstehung Jesu von Nazareth, Gütersloh 1968.

[4] Vgl. E. Güttgemanns, Der leidende Apostel und sein Herr, Göttingen 1966; J. Kremer, Das älteste Zeugnis von der Auferstehung Christi. Eine bibeltheologische Studie zur Aussage und Bedeutung von 1 Kor 15, 1—11 (SBS 17), Stuttgart 1966; K. Lehmann, Auferweckt am dritten Tage nach der Schrift, Freiburg 1968.

[5] Vgl. K. Schubert, Die Entwicklung der Auferstehungslehre von der nachexilischen Zeit bis zur frührabbinischen Zeit, in: BZ NF 6 (1962) 177—214.

[6] K. H. Schelkle, Theologie des Neuen Testaments II, S. 133.

[7] Vgl. R. Bultmann, Die Geschichte der synoptischen Tradition, S. 308—316; M. Dibelius, Die Formgeschichte des Evangeliums, S. 190—192.

[8] H. Conzelmann, Art. Auferstehung Christi I. Im NT, in: RGG^3 I, Sp. 699.

[9] Vgl. R. Bultmann, Die Geschichte der synoptischen Tradition, S. 313.

[10] Ders., ebd.

[11] Ders., ebd.

[12] Vgl. B. Steinseifer, Der Ort der Erscheinungen des Auferstandenen. Zur Frage alter galiläischer Ostertraditionen, in: ZNW 62 (1971) 232—265.

BIBLIOGRAPHIE

Obwohl sich die Grenze zwischen Forschungsberichten und Abhandlungen nicht immer klar ziehen läßt, wird die Literatur folgendermaßen eingeteilt:

1. Textausgaben des Neuen Testaments (Quellen),
2. Bibliographien, Einleitungen und Hilfsmittel,
3. Lexikonartikel,
4. Forschungsberichte,
5. Abhandlungen.

Für ältere Literatur sei auf die unter 2. bis 4. aufgeführte Literatur verwiesen, vor allem auf den Index von B. M. Metzger, aber auch auf die Artikel und Berichte. In den Einleitungen findet sich nicht nur die Kommentarliteratur, sondern auch eine Fülle von Einzelabhandlungen.

Die unter 5. genannten Titel sind beim einzelnen Autor zeitlich angeordnet, wobei i. a. die letzte Auflage bzw. der letzte Ort der Publikation den Ausschlag gab. Die Berechtigung dazu mag darin gesehen werden, daß in beiden Fällen meistens Änderungen gegenüber den Erstveröffentlichungen angebracht wurden. Die Festschriften, welche wegen ihrer Bedeutung für das Thema als ganze aufgenommen wurden, stehen beim Namen des jeweils Geehrten. Beim Stichwort „Jesus" sind in zeitlicher Reihenfolge einige Sammelbände eingereiht worden, auf die nachdrücklich hingewiesen sei.

Die Abkürzungen sind entnommen: S. Schwertner, Internationales Abkürzungsverzeichnis für Theologie und Grenzgebiete, Zeitschriften, Serien, Lexika, Quellenwerke mit bibliographischen Angaben. Berlin/New York 1974 (IATG).

1. Textausgaben des Neuen Testaments

The Greek New Testament. Ed. by K. Aland, M. Black, C. M. Martini, B. M. Metzger, and A. Wikgren in cooperation with the Institute for New Testament Textual Research. Stuttgart [3]1971.

Novum Testamentum Graece cum apparatu critico curavit E. Nestle novis curis elaboraverunt E. Nestle et K. Aland. Stuttgart [25]1963 u. ö. (auch Ausgaben mit dt. oder lat. Parallelübers.).

Synopsis Quattuor Evangeliorum. Locis parallelis evangeliorum apocryphorum et patrum adhibitis ed. K. Aland. Ed. nona et recognita ad textum editionum [26]Nestle-Aland et [3]Greek New Testament aptata. Stuttgart 1976.

2. *Bibliographien, Einleitungen und Hilfsmittel*

Aland, K. (Hrsg.): Vollständige Konkordanz des griechischen Neuen Testaments. Berlin 1975 ff.

Bauer, W.: Griechisch-deutsches Wörterbuch zu den Schriften des NT und der übrigen urchristlichen Literatur. Berlin [5]1958.

Blass, F./Debrunner, A.: Grammatik des neutestamentlichen Griechisch. Bearb. v. F. Rehkopf. 14., völlig neubearb. u. erw. Aufl. Göttingen 1975.

Bultmann, R.: Theologie des Neuen Testaments. 7., durchges., um Vorwort und Nachträge erw. Aufl., hrsg. v. O. Merk. Tübingen 1977 (Literatur!).

Crossan, J. D.: A Basic Bibliography for Parables Research. In: R. W. Funk, Semeia 1 (Missoula 1974) 236—274.

Friedrich, G. (Hrsg.): Theologisches Wörterbuch zum Neuen Testament. Begr. von G. Kittel. In Verb. mit zahlr. Fachgenossen. 9 Bde. Stuttgart u. a. 1933—1973 (Reg.bd. 10 in Kürze abgeschlossen).

Kümmel, W. G.: Einleitung in das Neue Testament. Heidelberg [18]1976.

Merk, O.: Siehe Bultmann, R.

Metzger, B. M. (ed.): Index to periodical literature on Christ and the Gospels. Leiden 1966.

Nober, P.: Elenchus bibliographicus biblicus 42—55, Roma 1961 bis 1974; wird fortgesetzt.

Vielhauer, Ph.: Geschichte der urchristlichen Literatur. Einleitung in das Neue Testament, die Apokryphen und die Apostolischen Väter. Berlin 1975.

Wikenhauser, A./Schmid, J.: Einleitung in das Neue Testament. 6., völlig neu bearb. Aufl. Freiburg 1973.

3. Lexikonartikel

Burchard, Chr.: Jesus. In: KP 2 (1967) 1344—1354.

Conzelmann, H.: Jesus Christus. In: RGG 3 ([3]1959) 619—653.

—: Jesus. The Classic Article from RGG[3] expanded and updated. Tr. by J. R. Lord. Ed. with an Introduction by J. Reumann. Philadelphia 1973.

Friedrich, G.: Jesus Christus. In: BHH 2 (1964) 859—866.

Geiselmann, J. R.: Jesus Christus. In: HThG 1 (1962) 739—770.

Lebreton, J.: Jésus-Christ. In: DBS 4 (1949) 966—1073.

Maisch, I./Vögtle, A.: Jesus Christus. I. Der exegetische Zugang. In: SM(D) 2 (1968) 900—920.

Mußner, F.: Leben-Jesu-Forschung. In: LThK 6 ([2]1961) 859—863.

Rengstorf, K. H.: Jesus Christus. In: TBLNT II/1 (1969) 757—767.

Schmidt, K. L.: Jesus Christus. In: RGG 3 ([2]1929) 110—151.

Schnackenburg, R.: Jesus Christus. II. Ntl. Christologie. In: LThK 5 ([2]1960) 932—940.

Schulz, S.: Jesusprädikate. In: EKL 2 (1958) 280—286.

Surkau, H. W.: Jesus Christus (Leben Jesu). In: EKL 2 (1958) 274—280.

Vögtle, A.: Jesus Christus. I. J. Ch. nach den geschichtl. Quellen. In: LThK 5 ([2]1960) 922—932.

4. Forschungsberichte

Bedenbaugh, J. B.: The First Decade of the New Quest of the Historical Jesus. In: LuthQ 16 (1964) 239—267.

Benktson, B. E.: Hundra års kontinental Jesusforskning. In: SvTK 38 (1962) 181—193.

Bultmann, R.: Reich Gottes und Menschensohn. In: ThR 9 (1937) 1—35.

Conzelmann, H.: Ergebnisse wissenschaftlich-theologischer Forschung? Neue Taschenbücher über Jesus. In: EvErz 23 (1971) 452—462.

—: Literaturbericht zu den synoptischen Evangelien. In: ThR 37 (1972) 220—272; 43 (1978) 3—51.

Dantine, W.: Jesus von Nazareth in der gegenwärtigen Diskussion. Gütersloh 1974.

Fiedler, P./Oberlinner, L.: Jesus von Nazareth. Ein Literaturbericht. In: BiLe 13 (1972) 52—74.

Gnilka, J.: Neue Jesusliteratur. In: ThRv 67 (1971) 249—256.

Gräßer, E.: Motive und Methoden der neueren Jesus-Literatur. An Beispielen dargestellt. In: VF 18 (1973, Heft 2) 3—45.

Harrington, W. J.: The Parables in Recent Study (1960—1971). In: BTB 2 (1972) 219—241.

Kertelge, K.: Die Wunder Jesu in der neueren Exegese. In: ThB 5 (1976) 71—105.

Kümmel, W. G.: Jesusforschung seit 1950. In: ThR NF 31 (1965/66) 15—46. 289—315.

—: Das Neue Testament im 20. Jahrhundert. Ein Forschungsbericht. Stuttgart 1970.

—: Das Neue Testament. Geschichte der Erforschung seiner Probleme. Freiburg/München [2]1970.

—: Ein Jahrzehnt Jesusforschung (1965—1975). In: ThR NF 40 (1975/76) 289—336; 41 (1976/77) 197—258. 295—363; wird fortgesetzt.

Lohse, E.: Die Frage nach dem historischen Jesus in der gegenwärtigen neutestamentlichen Forschung. In: ThLZ 87 (1962) 161—174.

Marti, K.: Jesus, der Bruder. Ein Beitrag zum Christusbild in der neueren Literatur. In: EK 3 (1970) 272—276.

McArthur, H. K.: Basic Issues. A Survey of Recent Gospel Research. In: Interp. 18 (1964) 39—55.

Oberlinner, L.: siehe Fiedler, P.

Ott, H.: Um die Muttersprache Jesu; Forschungen seit Gustav Dalman. In: NT 9 (1967) 1—25.

Pesch, R.: Vom Christus des Glaubens zum historischen Jesus. Zur Geschichte der Jesus-Forschung. In: BiKi 24 (1969) 37—42.

Schierse, F. J.: Niemand außer Jesus allein (Mk 9, 8). Zu neuen Jesus-Büchern. In: StZ (1972) 350—354.

Schilson, A.: Siehe Tiefenbacher, H.

Schneider, G.: Jesus-Bücher und Jesus-Forschung 1966—1971. In: ThPQ 120 (1972) 155—160.

Schniewind, J.: Zur Synoptiker-Exegese. In: ThR 2 (1930) 129 bis 189.

Schürmann, H.: Zur aktuellen Situation der Leben-Jesu-Forschung. In: GuL 46 (1973) 300—310.

Strobel, A.: Die moderne Jesusforschung. Stuttgart 1966; [2]1968.

Tiefenbacher, H./Schilson, A.: Die Frage nach Jesus, dem Christus. In: HerKorr 26 (1972) 563—570.

Trocmé, É.: Quelques travaux récents sur le Jésus de l'histoire. In: RHPhR 52 (1972) 485—498.
Windisch, H.: Das Problem der Geschichtlichkeit Jesu: Die außerchristlichen Zeugnisse. Die Christusmythe. In: ThR 1 (1929) 266 bis 288; 2 (1930) 207—252. Vgl. auch ThR 20 (1917) 18 ff., 305 ff.

5. Abhandlungen

Anderson, C. C.: Critical Quests of Jesus. Grand Rapids 1969.
—: The Historical Jesus: A Continuing Quest. Grand Rapids 1972.
Anderson, H.: Jesus. Englewood Cliffs, N. J./London 1968.
Arens, E.: The ΗΛΘΟΝ-Sayings in the Synoptic Tradition. A Historical Critical Investigation. Freiburg, Schweiz/Göttingen 1976.
Banks, R.: Jesus and the Law in the Synoptic Tradition. Cambridge 1975.
Bartsch, H.-W.: Jesus. Prophet und Messias aus Galiläa. Frankfurt 1970.
—: Theologie und Geschichte in der Überlieferung vom Leben Jesu. In: EvTh 32 (1973) 128—143.
Bauer, M.: Anfänge der Christenheit. Von Jesus von Nazareth zur frühchristlichen Kirche. Berlin ²1970.
Baumann, R.: 2000 Jahre danach. Eine Bestandsaufnahme zur Sache Jesu. Stuttgart ²1972.
Baumbach, G.: Jesus von Nazareth im Lichte der jüdischen Gruppenbildung. Berlin 1971.
Becker, J.: Johannes der Täufer und Jesus von Nazareth. Neukirchen-Vluyn 1972.
Ben-Chorin, Sch.: Bruder Jesus. Der Nazarener in jüdischer Sicht. München 1967 u. ö.
Berger, K.: Die Amen-Worte Jesu. Berlin 1970.
—: Die Gesetzesauslegung Jesu. Teil I: Markus und Parallelen. Neukirchen–Vluyn 1972.
Betz, O.: Die Frage nach dem messianischen Bewußtsein Jesu. In: NT 6 (1963) 20—48.
—: Was wissen wir von Jesus? Stuttgart/Berlin ²1967.
Black, M.: Aramaic Studies and the Language of Jesus. In: BZAW 103 (1968) 17—28.
Blank, J.: Jesus von Nazareth. Geschichte und Relevanz. Freiburg 1972.

Blinzler, J.: Der Prozess Jesu. Regensburg [4]1969.

Bornkamm, G.: Jesus von Nazareth. Stuttgart 1956 u. ö.

—: Geschichte und Glaube I/II. München 1968/1971.

Bovon, F.: Les derniers jours de Jésus. Textes et événements. Neuchâtel/Paris 1974.

Bowker, J.: Jesus and the Pharisees. London/New York 1973.

Brandon, S. G. F.: The Trial of Jesus of Nazareth. London 1968.

Brandstaetter, R.: Jezus z Nazaretu. Tom. I. Warszawa 1967.

Braun, H.: Spätjüdisch-häretischer und frühchristlicher Radikalismus. Jesus von Nazareth und die essenische Qumransekte. 2 Bde. Tübingen [2]1969.

—: Jesus. Stuttgart/Berlin 1969 u. ö.

Brown, R. E.: How much did Jesus know? A survey of the Biblical evidence. In: CBQ 29 (1967) 9—39.

—: The Birth of the Messias. London 1977.

Bultmann, R.: Jesus. Tübingen 1926 u. ö.

—: Das Verhältnis der urchristlichen Christusbotschaft zum historischen Jesus. In: Exegetica (Tübingen 1967) 445—469.

—: Die Geschichte der synoptischen Tradition. Göttingen [8]1970. Ergänzungsheft (v. G. Theißen u. Ph. Vielhauer): [4]1971.

Busse, U.: Die Wunder des Propheten Jesus. Stuttgart 1977.

Cartledge, S. A.: Jesus of Fact and Faith. Studies in the Life of Jesus. Grand Rapids 1968.

Cassels, L.: The Real Jesus. How He Lived and What He Taught. Garden City, New York 1968.

Cerfaux, L.: Jésus aux origines de la tradition. Paris 1968.

Cohn, H. H.: The Trial and Death of Jesus. New York 1971.

Colpe, C.: Traditionsüberschreitende Argumentationen zu Aussagen Jesu über sich selbst. In: FS K. G. Kuhn (1971) 230—245.

Conzelmann, H.: Theologie als Schriftauslegung. Aufsätze zum Neuen Testament. München 1974.

—: Jesus Christus in Historie und Theologie. Neutestamentliche Festschrift für H. Conzelmann. Hrsg. v. G. Strecker, Tübingen 1975.

—: Lindemann, A.: Arbeitsbuch zum Neuen Testament. Tübingen [2]1976; darin S. 325—381: Jesus von Nazareth.

Coppens, J.: Donum natalicum Josepho Coppens. Vol. II: De Jésus aux Evangiles. Tradition et Rédaction dans les Evangiles synoptiques, par I. de Potterie e. a. Gembloux/Paris 1967.

Cross, C.: Who Was Jesus? London/New York 1970.

Crossan, J. D.: In Parables: The Challenge of the Historical Jesus. New York 1974.
Cullmann, O.: Jesus und die Revolutionären seiner Zeit. Gottesdienst, Gesellschaft, Politik. Tübingen ²1970.
Davies, W. D.: The Setting of the Sermon on the Mount. New York ²1976.
Derrett, J. D. M.: Jesus's Audience. London 1973.
Dibelius, M.: Jesus. Mit einem Nachtr. v. W. G. Kümmel. Berlin ⁴1966.
Dodd, Ch. H.: The Founder of Christianity. What do We Really Know about Jesus? How do We Know It? London/New York 1970.
Dupont, J. (Hrsg.): Jésus aux origines de la christologie. Gembloux 1975.
Edwards, G. R.: Jesus and the Politics of Violence. New York 1972.
Eichholz, G.: Gleichnisse der Evangelien. Form, Überlieferung, Auslegung. Neukirchen-Vluyn ²1975.
Ellis, E. E.: Jesus, the Sadducees and Qumran. In: NTS 10 (1963/64) 274—279.
Eltester, W. (Hrsg.): Jesus in Nazareth. Berlin 1972.
Emerson, W. A., Jr.: The Jesus Story. New York 1971.
Emerton, J. A.: Did Jesus Speak Hebrew? In: JThS 12 (1961) 189 bis 202.
—: The Problem of Vernacular Hebrew in the First Century A. D. and the Language of Jesus. In: JThS 24 (1973) 1—23.
Enslin, M. S.: John and Jesus. In: ZNW 66 (1975) 1—18.
Everett, J. N.: Behold the Man. The Life and Teaching of Jesus Christ. London 1969.
Feneberg, W.: Die Frage nach Bewußtsein und Entwicklung des historischen Jesus. In: ZKTh 97 (1975) 104—116.
Fiedler, P.: Jesus und die Sünder. Frankfurt/Bern 1976.
Finkel, A.: The Pharisees and the Teacher of Nazareth. Leiden/Köln 1964.
Fisher, F. L.: Jesus and His Teachings. Nashville 1972.
Flusser, D.: Jesus in Selbstzeugnissen und Bilddokumenten. Hamburg 1968 u. ö.
—: Johannes der Täufer. Leiden 1976.
Fondevila, R.: Realidad histórica de Jesús de Nazaret. Ensayo histórico-teológico. Barcelona 1968.

Fuchs, E.: Jesus — Wort und Tat. Tübingen 1971.

Fuller, R. H.: Die Wunder Jesu in Exegese und Verkündigung. Übers. u. mit einem Vor- und Nachwort versehen v. F. J. Schierse. Düsseldorf ³1969.

Funk, R.: Mut zum Menschen. Erich Fromms Denken und Werk, seine humanistische Religion und Ethik, mit einem Nachwort von Erich Fromm, Stuttgart 1978.

Gnilka, J.: Jesus Christus nach frühen Zeugnissen des Glaubens. München 1970.

Goppelt, L.: Theologie des Neuen Testaments. 1. Teil: Jesu Wirken in seiner theologischen Bedeutung. Hrsg. v. J. Roloff. Göttingen 1975.

Gräßer, E.: Die Naherwartung Jesu. Stuttgart 1973.

—: Zum Verständnis der Gottesherrschaft. In: ZNW 65 (1974) 3—26.

Grant, M.: Jesus. London 1977.

Greeley, A. M.: The Jesus Myth. Garden City, New York 1971.

Grimm, W.: Weil ich dich liebe. Die Verkündigung Jesu und Deuterojesaja. Bern/Frankfurt 1976.

Grollenberg, L.: Was Jezus een schriftgeleerde? In: TTh 13 (1973) 3—19.

Gruber-Magitot, C.: Jésus et les Pharisiens. Paris 1964.

Gutbrod, K.: Die Wundergeschichten des Neuen Testaments. Dargestellt nach den ersten drei Evangelien. Stuttgart ³1972.

Hahn, F.: Die Frage nach dem historischen Jesus. In: TThZ 82 (1973) 193—205.

Harnisch, W.: Die Ironie als Stilmittel in Gleichnissen Jesu. In: EvTh 32 (1972) 421—436.

—: Die Sprachkraft der Analogie. Zur These vom ‘argumentativen Charakter’ der Gleichnisse Jesu. In: StTh 28 (1974) 1—20.

Hengel, M.: War Jesus Revolutionär? Stuttgart 1970.

—: Der Sohn Gottes. Die Entstehung der Christologie und die jüdisch-hellenistische Religionsgeschichte. Tübingen ²1977.

Hiers, R. H.: The Historical Jesus and the Kingdom of God. Present and Future in the Message and Ministry of Jesus. Gainesville 1973.

Howard, V.: Das Ego Jesu in den synoptischen Evangelien. Untersuchungen zum Sprachgebrauch Jesu. Marburg 1975.

Jeremias, G.: Der Lehrer der Gerechtigkeit. Göttingen 1963.

Jeremias, J.: Abba. Studien zur neutestamentlichen Theologie und Zeitgeschichte. Göttingen 1966.

—: Der Ruf Jesu und die Antwort der Gemeinde. Exegetische Unter-

suchungen Joachim Jeremias zum 70. Geburtstag gewidmet von seinen Schülern. Hrsg. v. E. Lohse gemeinsam mit Ch. Burchard u. B. Schaller. Göttingen 1970.
—: Neutestamentliche Theologie. 1. Teil: Die Verkündigung Jesu. Gütersloh ²1973.

Jesus:
Der historische Jesus und der kerygmatische Christus. Beiträge zum Christusverständnis in Forschung und Verkündigung. Hrsg. v. H. Ristow u. K. Matthiae. Berlin ³1964.
Schultz, H. J. (Hrsg.): Die Zeit Jesu. Stuttgart u. a. 1966.
Jesus in den Evangelien. Ein Symposion mit J. Blinzler, H. Geist, P. Hoffmann, H. Leroy, F. Mußner, R. Pesch und G. Voss. Stuttgart 1970 u. ö.
The Trial of Jesus. Cambridge Studies in honour of C. F. D. Moule ed. by E. Bammel. London 1970.
The Trial of Jesus. A Symposium (mit Beiträgen von R. Gordis, H. H. Cohn, M. S. Enslin, D. Flusser, R. M. Grant, S. G. F. Brandon, J. Blinzler, G. S. Sloyan and S. Sandmel). In: Jdm 20 (1971) 6—74.
Rückfrage nach Jesus. Zur Methodik und Bedeutung der Frage nach dem historischen Jesus. (Mit Beiträgen von) F. Hahn, K. Kertelge, F. Lentzen-Deis, F. Mußner, R. Pesch, R. Schnackenburg, hrsg. v. K. Kertelge. Freiburg u. a. 1974.
Jesus von Nazareth. Hrsg. v. H. J. Schierse. Mit Beiträgen zahlr. Autoren. Mainz ³1976.
Der Tod Jesu. Deutungen im Neuen Testament. (Mit Beiträgen von) J. Beutler, J. Gnilka, K. Kertelge, R. Pesch, R. Schnackenburg, A. Vögtle, hrsg. v. K. Kertelge. Freiburg u. a. 1976.
Wer ist Jesus Christus? Beiträge von H. U. von Balthasar, E. Biser, W. Kasper, H. Riedlinger, A. Vögtle, B. Welte. Hrsg. v. J. Sauer, Freiburg u. a. 1977.
Vgl. auch (FS) Conzelmann, H.; (FS) Coppens, J.; Dupont, J.; Eltester, W.; (FS) Jeremias, J.; (FS) Kümmel, W. G.; (FS) Schmid, J.; (FS) Vögtle, A.

Käsemann, E.: Exegetische Versuche und Besinnungen I/II. Göttingen 1960/1964 u. ö.
—: Der Ruf der Freiheit. Tübingen ⁵1972.

Kertelge, K.: Die Wunder Jesu im Markusevangelium. Eine redaktionsgeschichtliche Untersuchung. München 1970.

Klijn, A. F. J.: Wat weten wij van Jezus van Nazareth? Den Haag 1962.

Köster, H./Robinson, J. M.: Entwicklungslinien durch die Welt des frühen Christentums. Tübingen 1971.

Kremer, J.: Die Methoden der historisch-kritischen Evangelienforschung und die Frage nach Jesus von Nazareth. In: BiLi 46 (1973) 83—91.

Kümmel, W. G.: Heilsgeschehen und Geschichte. Ges. Aufs. 1933 bis 1964. Hrsg. v. E. Grässer, O. Merk u. A. Fritz. Marburg 1965.

—: Jesu Antwort an Johannes den Täufer. Ein Beispiel zum Methodenproblem in der Jesusforschung. Wiesbaden 1974.

—: Jesus und Paulus. Festschrift für Werner Georg Kümmel zum 70. Geburtstag. Hrsg. v. E. E. Ellis u. E. Gräßer. Göttingen 1975.

—: Die Theologie des Neuen Testaments nach seinen Hauptzeugen. Jesus, Paulus, Johannes. Göttingen 1969 = [3]1976.

Küng, H.: Christ sein. München/Zürich 1974.

Kuhn, H.-W.: Enderwartung und gegenwärtiges Heil. Göttingen 1966.

—: Der irdische Jesus bei Paulus als traditionsgeschichtliches und theologisches Problem. In: ZThK 67 (1970) 295—320.

Lapide, P.: Der Rabbi von Nazareth. Wandlungen des jüdischen Jesusbildes. Trier 1974.

—: Insights from Qumran into the language of Jesus. In: RdQ 8 (1975) 483—501.

Lehmann, M.: Synoptische Quellenanalyse und die Frage nach dem historischen Jesus. Berlin 1970.

Lentzen-Deis, F.: Die Taufe Jesu nach den Synoptikern. Literarkritische und gattungsgeschichtliche Untersuchungen. Frankfurt 1970.

Leroy, H.: Vergebung und Gemeinde nach dem Zeugnis der Evangelien. Diss. habil. Tübingen 1972.

—: Zur Vergebung der Sünden. Stuttgart 1974.

—: Jesus von Nazareth — Sohn Gottes. In: ThQ 154 (1974) 232 bis 249.

Lindemann, A.: Siehe Conzelmann, H.

Lindenbauer, E.: Der Tod des Sokrates und das Sterben Jesu. Stuttgart 1971.

Linnemann, E.: Gleichnisse Jesu. Göttingen [6]1975.

Lohse, E.: Grundriß der neutestamentlichen Theologie. Stuttgart u. a. 1974.
—: Die Einheit des Neuen Testaments. Exegetische Studien zur Theologie des Neuen Testaments. Göttingen [2]1976.
Lorenzmeier, Th.: Wider das Dogma von der Sündlosigkeit Jesu. In: EvTh 31 (1971) 452—471.
—: Zum Logion Mt 12, 28; Lk 11, 20. In: FS H. Braun (1973) 289 bis 304.
Lührmann, D.: Liebet eure Feinde (Lk 6, 27—36/Mt 5, 39—48). In: ZThK 69 (1972) 412—438.
Luz, Z.: Zur Auslegung Gottes bei Jesus. In: Univ. 28 (1973) 273 bis 282.
Machoveč, M.: Jesus für Atheisten. Stuttgart u. a. [2]1973.
Maddox, R.: Methodenfragen in der Menschensohnforschung. In: EvTh 32 (1972) 143—160.
Maly, K.: Jesus. Anweisung zur Kritik an Gesellschaft, Mensch und Religion. Kevelaer 1973.
Mánek, J.: Mit wem identifiziert sich Jesus? Eine exegetische Rekonstruktion ad Matt. 25: 31—46. In: FS C. F. D. Moule (1973) 15—25.
Marshall, I. H.: The Synoptic Son of Man Sayings in Recent Discussion. In: NTS 12 (1965/66) 327—351.
Martin, M.: Jesus Now. New York 1972.
Marxsen, W.: Die urchristlichen Kerygmata und das Ereignis Jesus von Nazareth. In: ZThK 73 (1976) 42—64.
McArthur, H. K.: The Burden of Proof in Historical Jesus Research. In: ET 82 (1970/71) 116—119.
Merkel, H.: Auf den Spuren des Urmarkus? Ein neuer Fund und seine Beurteilung. In: ZThK 71 (1974) 123—144.
Mitton, C. L.: Jesus. The Fact Behind the Faith. London 1975.
Molitor, J.: Grundbegriffe der Jesusüberlieferung im Lichte ihrer orientalischen Sprachgeschichte. Düsseldorf 1968.
Moule, Ch. F. D.: Jesus in New Testament Kerygma. In: FS G. Stählin (1970) 15—26.
Müller, K.: Die Aktion Jesu und die Re-Aktion der Kirche. Jesus von Nazareth und die Anfänge der Kirche. Würzburg 1972.
—: Jesus und die Sadduzäer. In: Biblische Randbemerkungen. Schülerfestschrift für Rudolf Schnackenburg zum 60. Geburtstag hrsg. v. H. Merklein u. J. Lange. Würzburg 1974, 3—24.

Müller, M.: Der Jesus der Historiker, der historische Jesus und die Christusverkündigung der Kirche. In: KuD 22 (1976) 277—298.

Müller, U. B.: Vision und Botschaft. Erwägungen zur prophetischen Struktur der Verkündigung Jesu. In: ZThK 74 (1977) 416—448.

Mußner, F.: Praesentia Salutis. Gesammelte Studien zu Fragen und Themen des Neuen Testamentes. Düsseldorf 1967.

—: Ipsissima facta Jesu? In: ThRv 68 (1972) 177—184.

Neugebauer, F.: Jesus der Menschensohn. Stuttgart 1972.

Neuhäusler, E.: Anspruch und Antwort Gottes. Zur Lehre von den Weisungen innerhalb der synoptischen Jesusverkündigung. Düsseldorf 1962.

Niederwimmer, K.: Jesus. Göttingen 1968.

Nissen, A.: Gott und der Nächste im antiken Judentum. Untersuchungen zum Doppelgebot der Liebe. Tübingen 1974.

Oberlinner, L.: Historische Überlieferung und christologische Aussage. Zur Frage der 'Brüder Jesu' in der Synopse. Stuttgart 1975.

Ohlig, K. H.: Jesus, Entwurf zum Menschsein. Überlegungen zu einer Fundamental-Christologie. Stuttgart 1974.

Patsch, H.: Abendmahl und historischer Jesus. Stuttgart 1972.

Perrin, N.: Rediscovering the Teaching of Jesus. London 1967; aus dem Amerik. übers. v. P. G. Pohl: Was lehrte Jesus wirklich? Rekonstruktion und Deutung. Göttingen 1972.

—: Jesus and the Language of the Kingdom. Symbol and Metaphor in New Testament Interpretation. London 1976.

Pesch, R.: Jesu ureigene Taten? Ein Beitrag zur Wunderfrage. Freiburg 1970.

—: Wie Jesus das Abendmahl hielt. Der Grund der Eucharistie. Freiburg 1977.

Peter, J.: Finding the Historical Jesus. A Statement of the Principles Involved. London 1965.

Petzke, G.: Die historische Frage nach den Wundertaten Jesu. In: NTS 22 (1975/76) 180—204.

Pöhlmann, H. G.: Wer war Jesus von Nazareth? Gütersloh 1976.

Riesenfeld, H.: Till frågan om den historiske Jesus. In: SEÅ 34 (1969) 51—76; auch in: I bibliskt perspektiv (Stockholm 1971) 41—67.

Rigaux, B.: La redécouverte de la dimension eschatologique de l'Evangile. In: RHPhR 56 (1976) 1—27.

Riley, W.: The Execution of Jesus. A Judicial, Literary, and Historical Investigation. New York 1970.

Robinson, J. M.: Kerygma und historischer Jesus. Zürich/Stuttgart ²1967.
—: Koester, H.: Trajectories through Early Christianity. Philadelphia 1971.
Roloff, J.: Das Kerygma und der irdische Jesus. Historische Motive in den Jesus-Erzählungen der Evangelien. Göttingen ²1973.
—: Auf der Suche nach einem neuen Jesusbild. Tendenzen und Aspekte der gegenwärtigen Diskussion. In: ThLZ 98 (1973) 561 bis 572.
Ru, G. de: The Conception of Reward in the Teaching of Jesus. In: NT 8 (1966) 202—222.
Rüger, H.-P.: Zum Problem der Sprache Jesu. In: ZNW 59 (1968) 113—122.
Sabourin, L.: The Parables of the Kingdom. In: BTB 6 (1976) 115 bis 160.
Sandmel, S.: "Son of Man". In: FS H. Silver (1963) 354—367.
—: We Jews and Jesus. New York 1965; vgl. die engl. Ausgabe: A Jew Looks at Jesus. London 1966.
Satake, A.: Das Leiden der Jünger „um meinetwillen". In: ZNW 67 (1976) 4—19.
Schelkle, K. H.: Theologie des Neuen Testaments. Bd. 2: Gott war in Christus. Düsseldorf 1973.
Schenke, L.: Die Wundererzählungen des Markusevangeliums. Stuttgart 1974.
Schille, G.: Die urchristliche Wundertradition. Ein Beitrag zur Frage nach dem irdischen Jesus. Stuttgart 1967.
—: Prolegomena zur Jesusfrage. In: ThLZ 93 (1968) 481—488.
Schillebeeckx, E.: Jesus. Die Geschichte von einem Lebenden. Freiburg 1975; ⁴1976.
Schlier, H.: Zur Frage: Wer ist Jesus? In: FS R. Schnackenburg (1974) 359—370.
Schmid, J.: Orientierung an Jesus. Zur Theologie der Synoptiker. Für Josef Schmid. Hrsg. v. P. Hoffmann in Zusammenarbeit mit N. Brox u. W. Pesch. Freiburg u. a. 1973.
Schnackenburg, R. antwortet F. J. Schierse: Wer war Jesus von Nazareth? Christologie in der Krise. Düsseldorf 1970.
Schneider, G.: Die Frage nach Jesus. Christus-Aussagen des Neuen Testaments. Essen 1971.
—: Die Passion Jesu nach den drei älteren Evangelien. München 1973.

Schneider, J.: Der Beitrag der Urgemeinde zur Jesusüberlieferung im Lichte der neuesten Forschung. In: ThLZ 87 (1962) 401—412.

Schnider, F.: Jesus der Prophet. Freiburg (Schweiz)/Göttingen 1974.

Schottroff, L.: Der Mensch Jesus im Spannungsfeld von politischer Theologie und Aufklärung. In: ThPr 8 (1973) 243—257.

Schubert, K.: Jesus im Lichte der Religionsgeschichte des Judentums. Wien/München 1973.

Schürmann, H.: Das Geheimnis Jesu. Versuche zur Jesusfrage. Leipzig 1972.

—: Jesu ureigener Tod. Exegetische Besinnungen und Ausblick. Freiburg 1975; ^{2}1976.

Schulz, S.: Q. Die Spruchquelle der Evangelisten. Zürich 1972.

—: Die neue Frage nach dem historischen Jesus. In: FS O. Cullmann (1972) 33—42.

Schulze, W.: Vom Kerygma zurück zu Jesus. Die Frage nach dem historischen Jesus in der Bultmannschule. Berlin 1977.

Schweizer, E.: Die Frage nach dem historischen Jesus. In: EvTh 24 (1964) 403—419.

Sekita, H.: Atarashii shi-teki Jesus-tankjū to sekkyō no Cristo. A New Quest of the Historical Jesus and the Christus of Preaching. In: FS I. Takayanagi (1967) 189—200.

Sevenster, G.: Het probleem van de „historische Jezus“. In: KeTh 16 (1965) 322—339.

Shae, G. S.: The Question on the Authority of Jesus. In: NT 16 (1974) 1—29.

Simon, U.: The Multidimensional Picture of Jesus. In: FS Ch. Evans (1975) 116—126.

Slenczka, R.: Geschichtlichkeit und Personsein Jesu Christi. Göttingen 1967.

Smith, M.: Auf der Suche nach dem historischen Jesus. Berlin 1974.

Stanton, G. N.: Jesus of Nazareth in New Testament Preaching. Cambridge 1974.

Strecker, G.: Die historische und theologische Problematik der Jesusfrage. In: EvTh 29 (1969) 453—476.

Strobel, A.: Wer war Jesus? Wer ist Jesus? Stuttgart 1973.

Stuhlmacher, P.: Kritische Marginalien zum gegenwärtigen Stand der Frage nach Jesus. In: FS M. Doerne (1970) 341—361.

Theißen, G.: Wanderradikalismus. Literatur-soziologische Aspekte der

Überlieferung von Worten Jesu im Urchristentum. In: ZThK 90 (1973) 245—271.
—: Urchristliche Wundergeschichten. Ein Beitrag zur formgeschichtlichen Erforschung der synoptischen Evangelien. Gütersloh 1974.
Trilling, W.: Fragen zur Geschichtlichkeit Jesu. Düsseldorf 1966; ²1967.
Trocmé, E.: Jésus et la révolution non violente. Genève 1961; engl. Übers.: Jesus and the Nonviolent Revolution. Tr. by M. H. Shank and W. E. Miller. Introd. by W. E. Miller. Scottdale 1973.
—: Jésus de Nazareth vu par les témoins de sa vie. Neuchâtel 1971; engl. Übers.: Jesus as Seen by His Contemporaries. Tr. by R. A. Wilson. Philadelphia 1973.
—: Albert Schweitzer et la vie de Jésus. In: RHPhR 56 (1976) 28 bis 36.
Verkuyl, J.: Jesus Christus, de bevrijder. Baarn 1973.
Vermes, G.: Jesus the Jew. A historian's reading of the Gospels. London 1973.
Via, D. O.: The Parables. Their Literary and Existential Dimension. Philadelphia 1967; dt. Übers.: Die Gleichnisse Jesu. Ihre literarische und existentiale Dimension. (Übers. und) mit einem Nachwort von E. Güttgemanns. München 1970.
Vielhauer, Ph.: Aufsätze zum Neuen Testament. München 1965.
Vögtle, A.: Die historische und theologische Tragweite der heutigen Evangelienforschung. In: ZKTh 86 (1964) 385—417.
—: Jesus von Nazareth. In: Ökumenische Kirchengeschichte, hrsg. v. R. Kottje u. B. Möller, Bd. 1 (Mainz/München 1970) 3—24.
—: Das Evangelium und die Evangelien. Beiträge zur Evangelienforschung. Düsseldorf 1971.
—: „Theo-logie" und „Eschato-logie" in der Verkündigung Jesu? In: FS R. Schnackenburg (1974) 371—398.
—: Jesus und der Menschensohn. Für Anton Vögtle. Hrsg. v. R. Pesch u. R. Schnackenburg in Zusammenarbeit mit O. Kaiser. Freiburg u. a. 1975.
—: Gegenwart und kommendes Reich. Jesu eschatologische Erwartung und ihre Auslegung in den Evangelien. Schülergabe Anton Vögtle zum 65. Geburtstag, hrsg. v. P. Fiedler u. D. Zeller. Stuttgart 1975.
Walker, W. O.: The Quest for the Historical Jesus: A Discussion of Methodology. In: AThR 51 (1969) 38—56.

Wenz, H.: Theologie und Reich Gottes. Hat Jesus sich geirrt? Hamburg 1975.

Wilckens, U.: Jesusüberlieferung und Christuskerygma – Zwei Wege urchristlicher Überlieferungsgeschichte. In: ThViat 10 (1966) 310 bis 330.

Winter, P.: On the Trial of Jesus. 2nd ed. rev. and ed. by T. A. Burkill and G. Vermes. Berlin 1974.

Zahrnt, H.: Es begann mit Jesus von Nazareth. Die Frage nach dem historischen Jesus. Stuttgart/Berlin 1960 u. ö.